资本倍增

CAPITAL MULTIPLIER®

资本运作、众筹与新三板上市

张 文 ◎ 著

中国经济出版社

CHINA ECONOMIC PUBLISHING HOUSE

北 京

图书在版编目（CIP）数据

资本倍增®：资本运作、众筹与新三板上市/张文著．
北京：中国经济出版社，2016.3
ISBN 978－7－5136－4155－5

Ⅰ.①资… Ⅱ.①张… Ⅲ.①中小企业—资本运作—研究—中国
②中小企业—企业融资—研究—中国 Ⅳ.①F279.243

中国版本图书馆 CIP 数据核字（2016）第 018790 号

责任编辑	牛慧珍
责任审读	贺　静
责任印制	马小宾
封面设计	任燕飞

出版发行	中国经济出版社
印刷者	北京科信印刷有限公司
经销者	各地新华书店
开　本	710mm×1000mm　1/16
印　张	15.75
字　数	180 千字
版　次	2016 年 3 月第 1 版
印　次	2017 年 7 月第 3 次
定　价	42.00 元

广告经营许可证　京西工商广字第 8179 号

中国经济出版社 网址 www.economyph.com 社址 北京市西城区百万庄北街 3 号 邮编 100037
本版图书如存在印装质量问题，请与本社发行中心联系调换（联系电话：010－68330607）

版权所有　盗版必究（举报电话：010－68355416　010－68319282）
国家版权局反盗版举报中心（举报电话：12390）　服务热线：010－88386794

PREFACE 前言

裂变：由"市场经济"迈向"资本经济"

中国经济为了实现从市场驱动迈向资本驱动，正在进行三大转型。

第一个转型：从"印钞票"模式切换到"印股票"模式。

如今，中国实体经济越来越乏力，人们终于明白，钞票增发只是经济增长的外在，而切换到"印股票"模式乃是时代发展的必然。这里的"股票"指的是创业者的股权，是股权投资，不是指传统上的股民购买的"股票"。它也是一种"配额"，是一种可以坐享其成的财富。

怎么使社会上产生大量的"股权"呢？最主要的办法是鼓励大众创业。国家通过 IPO 注册制，降低企业上市门槛，引导社会资金流向初创型企业，帮助其实现直接融资，从而激发大众创业的热潮。

第二个转型：变"债权"主导型为"股权"主导型。

在债权主导型经济时代，金融机构把钱"借"给企业谋发展，比如，银行是企业的"拜把兄弟"，可是，这位拜把兄弟只愿跟企业同富贵，不愿跟企业共患难。当经济处于上行期时，银行会锦上添

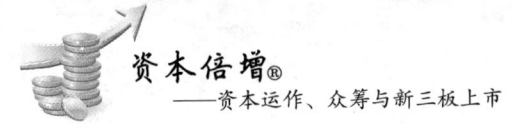

花,主动、过度地放贷给企业;一旦经济进入下行期,银行就立刻釜底抽薪,绝不会雪中送炭,这使下行的经济雪上加霜,这也是由中国银行盈利模式和监管模式决定的。

股权主导型经济的特点是金融机构将钱"投"给企业,占有企业股份。当企业经营困难的时候,金融机构能够与企业风雨同舟;当企业高速成长的时候,金融机构会获利退出,以此起到调节经济增速、促进经济可持续发展的作用。

第三个转型:变"少数人"游戏为"全民型"运动。

在市场经济时代,很多资源看似是共享的、公平的,其实是少数人占有的,而且先占有资源的人会给后来者设定门槛。例如,传统的私募基金门槛就很高,而且是利用信息、技术和人才等资源不对称、效率不对等去获利,其理念、模式和业态也让普通百姓觉得太遥远。而在"互联网+"时代,私募基金将进入全民参与的黄金时代,众筹、P2P其实都属于私募,这些都是大众行为。金融游戏不再高高在上,开始渗透到普通人的生活。

资本经济的本质是资本裂变,资本的裂变则是能量的聚变,通过稀释和渗透聚合能量。通过本书,读者可以感受到:资本经济时代,资本之间的配置产生驱动,无数个驱动力组成了社会前进的动力。资本经济时代,企业通过资本运作、众筹与新三板上市,可以实现资本倍增。

CONTENTS 目录

第一章 资本倍增：资本从代数级增长到几何级增长 / 1

倍增学探讨的是人、事、物在几何级数状态下是如何倍增的。企业应用几何级数倍增原理来实现资本倍增，就是以市场法则，通过资本本身的技巧性运作，实现增值和效益增长。实现资本倍增是时代所需、企业所需，也是资本市场所需。企业要转变思维观念，分析企业内外部融资环境，消除不利因素，采取符合企业自身的措施，积极对接资本市场。

◎ 从京东看资本倍增的魅力 / 2

◎ 资本倍增：企业最后一波红利 / 7

◎ 企业自身难以完成资本跳跃性增长 / 11

◎ 撬动资本杠杆，带企业一起飞 / 17

◎ 资本的"瓶颈"真的是资金吗？ / 20

◎ 影响资本倍增的N个因素 / 25

◎ 商业模式变革在资本倍增中的作用 / 28

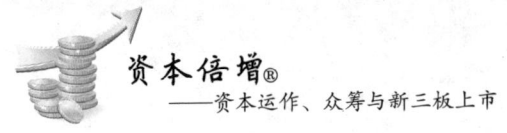

第二章　资本思维：搞资本是乘法，做反了则是除法　/ 31

　　要实现更大的资本梦想，企业家必须具备特殊的思维能力，培养善于发现财富的眼光，从杠杆思维、市值思维、协同思维三个梯度来构建资本思维，讲究天下之财取用之道，通过群体合力来操作资本运作等。这是从挣钱思维到赚钱思维，最后到资本增值思维的必经之路。

◎ 企业家应该具备的五大特殊思维　/ 32
◎ 发现财富的眼光主导创造财富的行为　/ 37
◎ 企业家构建资本思维的三个维度　/ 41
◎ 天下财，天下人取之，天下人用之　/ 44
◎ 成功者应遵循资本增值思维五大定律　/ 47

第三章　资本战略：把控全局，实现资本倍增　/ 51

　　企业制定资本战略，不仅要选择适应企业内外部环境的资本运作策略，还要分析竞争战略与资本结构的互动关系，融资方式与资本结构的相互关系，资本要素整合的竞争优势，创新融资战略管理要点，并把握资本运营的各个要素，制定资本运营战略，以利于资本战略的顺利实施并达到预期效果。

◎ 企业经营战略视角下的资本运作策略及选择　/ 52
◎ 企业竞争战略与资本结构互动关系分析　/ 57
◎ 企业融资方式与资本结构的相互关系　/ 61
◎ 企业资本要素整合的竞争优势分析　/ 64

◎ 企业创新融资战略管理要点解析　/71
◎ 企业资本运营战略要素与战略制定　/77

第四章　投资战略：投资资本"蓝海"，把握战略方向　/81

企业投资资本"蓝海"，不仅要厘清企业投资战略与企业总体战略的关系，围绕企业总体战略进行投资，还要全面分析影响企业投资战略的各种因素，选择恰当的企业投资战略，以保证投资活动的顺利进行；更要建立企业投资战略风险辨识系统，防范企业的财务风险。

◎ 企业投资战略的含义、特点与目标　/82
◎ 企业投资战略与企业总体战略的关系　/85
◎ 企业投资战略的影响因素与投资战略选择　/87
◎ 企业投资战略风险辨识系统的建立　/91
◎ 商业巨头收购投资战略基于五大要点　/97

第五章　资本运作：企业上市前资本运作模式　/101

企业上市前的资本运作方式有很多，要选择对企业适用的操作模式。本章介绍了资本运营的基本内涵，以及上市公司资本运营战略的影响因素，重点介绍了并购重组模式、股权投资模式、合资控股模式、杠杆收购模式和战略联盟模式等，这些都是企业上市前通常采用的资本运作模式，既保护股东利益，又不影响企业上市前途。

◎ 资本运营的基本内涵与规则　/102

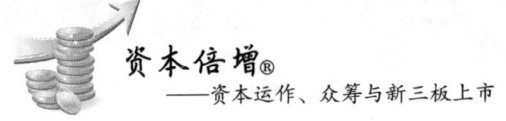

- ◎ 上市公司资本运营战略的影响因素　/ 104
- ◎ 并购重组模式　/ 108
- ◎ 股权投资模式　/ 110
- ◎ 资产置换式重组模式　/ 113
- ◎ 以债权换股权模式　/ 117
- ◎ 合资控股模式　/ 122
- ◎ 杠杆收购模式　/ 125
- ◎ 战略联盟模式　/ 129

第六章　众筹模式：投资新理念，财富新生活　/ 133

众筹由发起人、跟投人与平台构成，向群众募资，以支持个人或组织发起的行为，具有低门槛、多样性、依靠大众力量、注重创意的特征。中国的众筹主要有债权众筹、股权众筹、回报众筹和捐赠众筹四种模式。中国众筹要想取得成功，必须搭建依托标准、建立信任、提供保障的众筹模式。

- ◎ 众筹商业模式的优势及其构建　/ 134
- ◎ 众筹如何筹人、筹智、筹资源　/ 138
- ◎ 众筹在中国的四种模式　/ 141
- ◎ 股权众筹操作流程详解　/ 145
- ◎ 从3W众筹看中国众筹成功要素　/ 149
- ◎ 中国众筹的五大发展趋势　/ 152

第七章　新三板上市：企业挂牌新三板资本战略规划　／157

企业挂牌新三板的资本战略规划涉及多方面问题，这对企业来说是一个全方位的考验。因此，企业要了解新三板市场的功能，弄懂新三板挂牌上市所需条件，熟悉新三板挂牌上市操作流程，明确新三板挂牌企业法律问题，还要厘清新三板挂牌企业财务问题，把握新三板企业融资操作实务和"蓝海"掘金投资实务等。

◎ 新三板挂牌市场八大功能　／158
◎ 新三板挂牌上市所需条件　／164
◎ 新三板挂牌上市操作流程　／171
◎ 新三板挂牌企业法律问题　／176
◎ 新三板挂牌企业财务问题　／181
◎ 新三板企业融资操作实务　／190
◎ 新三板蓝海掘金投资实务　／195

第八章　资本课堂：资本人都要经历的进化必修课　／203

资本运作可以带动企业成为"胜者"，也可能让企业成为"剩者"，因此，资本课堂是资本人都要经历的进化必修课。这个"资本课堂"的内容包括：通过项目争取资本的方法，盘点企业资本和规划企业财富目标的路径，充分认识员工持股的重要性，如何使企业与资本市场沟通，如何与战略资本进行溢价谈判，如何选择资本退出方式等。

◎ 选择项目、制定项目的方法就是争取资金的方法　／204

◎ 盘点企业的所有资本，规划企业财富目标　／208

◎ 员工持股下的利益共同体，催生资本裂变　／214

◎ 商业模式是企业与资本市场的"沟通语言"　／217

◎ 如何与战略资本进行溢价谈判　／220

◎ 企业在资本市场的退出方式　／225

第九章　玩转资本：看大咖如何实现资本倍增　／229

　　不论何时，创业或投资都是有风险的，降低、消除或规避风险的最好方法，就是通过案例来学习成功者的经验和技巧。这里选编的阿里巴巴媒体投资案例、众筹模式成功的经典案例和借壳新三板上市的经典案例，都是具有借鉴意义的，都可以为玩转资本的人们提供学习的样本，有助于实现资本倍增。

◎ 阿里巴巴的媒体投资逻辑：从业务到战略，从IT到DT　／230

◎ 众筹模式成功的经典案例分析　／233

◎ 借壳新三板上市的经典案例分析　／236

第一章

资本倍增：资本从代数级增长到几何级增长

倍增学探讨的是人、事、物在几何级数状态下是如何倍增的。企业应用几何级数倍增原理来实现资本倍增，就是以市场法则，通过资本本身的技巧性运作，实现增值和效益增长。实现资本倍增是时代所需、企业所需，也是资本市场所需。企业要转变思维观念，分析企业内外部融资环境，消除不利因素，采取符合企业自身的措施，积极对接资本市场。

从京东看资本倍增的魅力

关于倍增学,有这样一个故事:

古代,有个国王非常喜欢下棋。一天下完棋后,他突然有了一个主意——要奖励棋的发明者。于是,他便把发明棋的人召到了皇宫,说:"你发明的棋让我每天都非常开心,我要奖励你!说吧,你想要什么?"

当时,正赶上天旱闹灾荒,民不聊生。棋的发明者说:"我什么也不要!只要您在我的棋盘上的第一个格里放一粒米,第二个格里放两粒米,第三个格里放四粒米……每格的米粒数都是前一格的双倍,以此类推,直到把这个棋盘放满就行了。"

国王听了他的要求,哈哈大笑,说:"好,就按你说的办!"当第一排的八个格放满时,只有128粒米,皇宫的人都大笑起来;当放到第二排时,笑声消失了,大家都露出了惊讶的神色。国王也大为吃惊,因为通过计算,要想把这64格棋盘放满,需要1800亿万粒米,相当于当时全世界米粒总数的10倍。

国王只好认输,并给予他相当的奖励。棋的发明者用这些米粮,救济了无数灾民。

这个故事简单易懂地呈现了被爱因斯坦称为"世界第八大奇迹"的市场倍增学原理。市场倍增学又叫网络学,很多深知市场倍增学原理的人士,都认为市场倍增学是一门伟大的学问,并利用这个原理缔造了巨大的财富。

例如,京东。截至2013年底,京东的自营式B2C占据该市场46.5%的市场份额,活跃用户数达到4740万,年销售额达到1255亿元。从2004年的3000万元到2013年的1255亿元,销售额在10年间增长了4000多倍,创造了中国电子商务的奇迹。保持10年高速增长,京东在电商大潮中辟出自己的发展之路,也因此获得资本的青睐。2014年5月22日,京东在纳斯达克正式挂牌上市,开盘报价为21.75美元,较发行价19美元上涨14.47%,市值达到约297亿美元。

京东资本倍增的秘诀在于:京东充分利用了资本市场的现成玩法,改写了电商的竞争格局,最终以后来者居上的姿态笑傲江湖。

发行可以转可以赎回优先股

京东早期的三轮私募属于"夹层融资",这是一种长期融资方式,性质介于股权融资和债权融资之间,具件条款由投融资双方灵活商定。这种融资工具发出去是债券,是否要付利息,什么条件下可以转股,每个时期可以转多少……所有具体事宜都需要双方事前约定。

2007—2010年,京东发行了A、B、C三轮"可以转可以赎回优先股":A轮融资,由今日资本提供。2007年3月27日,发行1.55亿"A类可以赎可以转优先股",附带1.31亿份购股权。同年8月

15日，1.31亿购股权被行使。两笔融资合计1000万美元。B轮融资，由今日资本、雄牛和梁伯韬联合投资。2009年1月，发行2.35亿"B类可以赎可以转优先股"，融资2100万美元。C轮融资额达1.38亿美元，于2010年9月完成，这次发行了1.78亿"C类可以赎可以转优先股"，投资方为高瓴资本。

通过上述三轮融资，京东最终获得了1.69亿美元资本。由于早期估值低，今日资本A轮获得的优先股就相当于总股本的30%（假如全部转股；如果不转股，可以享受8%的年息）。如果不是采用优先股策略，CEO刘强东的控制权恐怕早已旁落。

投资人接受这样的方式是有条件的，比如，要看好并信任刘强东本人，要查看过往几年的业绩和资金使用效率。2006年，看到京东销售额从上一年的3000万元涨到8000万元，今日资本才有信心通过可以转优先股投资1000万美元；2009年，京东销售额达到40亿元，3年涨了50倍！面对如此傲人的业绩，高瓴资本心甘情愿地为其拿出了1.38亿美元。以上是京东融资的真正法宝。

排他性投票权委托

发行可以转可以赎回优先股的融资方式虽然不错，可是，这种方式的融资额是有限度的。于是，京东在2011年开始发售普通股融资。

京东普通股私募融资清单				
日期	对象	数量（百万股）	单价（美元/股）	金额（百万美元）
2011.4	DST Golbal	94.3	3.33	314
2011.6	DST Global	59.4	3.37	200
	DST Global	63.9	3.63	232

续表

| 京东普通股私募融资清单 ||||
日期	对象	数量（百万股）	单价（美元/股）	金额（百万美元）
2011.6	红杉等	59.1	3.64	215
2012.11	Tiger	63.1	3.96	250
2013.2	Kingdom	101.0	3.96	400
	DST Global	8.2	3.90	32
2014.4	腾讯	351.7	N/A	214.7
总计		800.6		1857.7

从上表可以看到，2011年以来京东的历次股权融资，累计发售8亿普通股，获得18.57亿美元现金和腾讯旗下三块电商资产（拍拍、网购100%股权和易迅9.9%股权）。

在大规模股权融资的过程中，刘强东要求投资人排他性地将投票权授予他的两家BVI公司（英属维尔京群岛）Max Smart 和 Fortune Rising。可是，美国的老虎基金（持有18.1%）、高瓴资本（持有13%）、今日资本（持有7.8%）等投资机构没有把投票权委托给刘强东。

经过几番博弈，京东在上市前，通过BVI公司控制了13.75亿股投票权（涉及11家投资人委托的7.96亿股，其中包括腾讯的3.52亿股），占比55.9%，以微弱的优势保住了控制权。

投资人	上市前（单位：百万股）				上市后			
	普通股	占比	投票权	占比	IPO出售	A类	B类	合计	投票权
刘强东	463.35	18.8%	1375	55.9%	13.90	9	556	565	83.7%
老虎基金	445.27	18.1%	445	18.1%	13.36	432		432	3.2%
黄河投资（腾讯）	351.68	14.3%	352	14.3%		490		490	3.7%

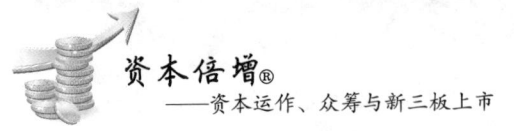

续表

投资人	上市前（单位：百万股）					上市后			
	普通股	占比	投票权	占比	IPO出售	A类	B类	合计	投票权
高瓴资本	318.96	13.0%	319	13.0%	9.57	309		309	2.3%
俄罗斯DST	225.74	9.2%	226	9.2%	6.77	219		219	1.6%
今日资本	191.89	7.8%	192	7.8%	5.76	186		186	1.4%
红杉资本	39.82	16%	40	1.6%		40		40	0.3%
总股本	2458					2760			

 美妙的双层股票

上市前，一些"不肯就范"的投资人并没有把投票权授予刘强东，上市后，11家投资机构将收回7.96亿股的投票权。另据招股文件记载，京东将发售1.38亿新股，总股本将达到27.6亿股。这样一来，刘强东手里的股票占比仅为20.5%。

要想解决这个问题，就要采用谷歌、百度等普遍采用的双层股权结构。上市后，刘强东持有的5.65亿股将转为B类股票，每股有20份投票权。其他新旧投资人持有的都是A类股票，每股有1份投票权。

京东资本倍增的例子再次印证：不管是实体企业家，还是财富拥有者，必须看懂市场倍增学，修建财富管道，借助资本舞台，如此，才能实现财富倍增。

第一章　资本倍增：资本从代数级增长到几何级增长

资本倍增：企业最后一波红利

金融是现代经济发展的核心，如果想实现经济的转型，首先就要实现金融的转型。从外部推进人民币国际化战略和开放资本账户，到内部加快利率市场化、发展多层次资本市场，无不透露出未来中国金融转型的大方向。其中，资本市场是金融体系发展的关键和重点，承载着中小企业发展、产业升级的重任，多层次资本市场必然会给企业带来巨大的红利。

中国资本市场的发展核心驱动是2015年初修订的《中华人民共和国证券法》，它为资本市场的发展提供了保障和支持；而注册制的推出无疑为资本市场发展提供了规则。目前，资本市场已经成了企业优化资源配置的主战场。概括起来，资本市场为企业实现资本倍增提供的便利主要体现在以下几个方面：

支持实体经济，市场化配置资源

资本市场改革的重点是：调动金融资源，以市场化为基础，以价格为导向，以增长为目标。传统金融主体以银行为主，特别是国有银行。银行的特性是追求安全稳定收益，而中国国有企业具有天然的垄断优势，这样就使金融资源集中在了国有大中型企业。对于中小企业来说，融资是一件比较难的事情，而且融资成本也很高。

可是，风险高的中小企业一般都具有高成长性和高技术含量，一旦无法获得足够的融资，发展也会受限；相关产业发展滞后，必然会影响经济增长效率。相反，资本市场的发展使得不同风险偏好的资本获得识别配置，资本市场能够集中相应的金融资源支持经济效益高、具有高成长性的企业，促进相关行业升级，提高经济效益。

资产证券化，丰富产品层次

多层次资本市场建设的不断推进，必然要求加快资产证券化发展。在金融抑制环境下，以间接融资为主的金融体系虽然在一定程度上促进了资金价格在市场中的有效形成，同时也带来了一定的系统性风险，因此多层次资本市场建设要在渐进、有序、可控的原则下进行。

在未来一段时间，非标债权必然会向企业债券和股票融资转换，而资产证券化正是转换的一条重要路径。未来，为了丰富产品的种类，满足不同投资者需求，资产证券化很可能会被大力推进，因此扩大资产证券化的基础资产范围（信贷资产证券化、企业资产证券化等，即MBS、ABS等），引导社会资本从"倒利差"转向对接实体经济融资需求，也就成了必然。

资产证券化不仅能提高资金使用效率，降低社会融资成本，还能有效地化解地方政府存量的债务风险，将融资过度集中于银行信贷的风险分散掉；同时，市场的价格发现和风险定价机制，也定然会有效打破刚性兑付。

推动创新，丰富市场层次

如今，传统的由政府主导的经济正在向市场创新型增长模式改进。这种变革涉及各方利益主体，要想获得改革的成功，首先要协调各类利益主体。资本市场提供的金融服务是多层次的，具有天然的、配合创新的多种业务模式、风险偏好等先天优势。

对于经济转型来说，多层次资本市场建设是一个重要的支撑，不仅能够更加合理地将资源配置到代表未来产业升级方向的企业，还能实现新产业、新模式、新业态、新技术的优胜劣汰。未来，多层次资本市场的"层次"将体现在两个方面：横向，以品种为轴，股票、债券、衍生品、结构化产品同时并重；纵向，以交易方式为径，交易所、银行间市场、新三板、区域股权市场和柜台市场鼎立。这一横一纵，不仅支撑起了资本市场运作的舞台，还给投资者带来了更多的选择和机会。

并购重组，推动经济转型

要想实现经济的"新常态"，就要打破传统发展模式，追求新的增长空间，实现产业升级。传统产业内生增长动力不足，要想寻求突破和转型，就要通过并购实现外延式增长，这需要较多的资金。而资本市场具有融资功能，能够为并购重组提供资金支持，突破资金的约束,这样就可以有效地推动经济转型。统计数据显示,资本市场正逐渐成为并购重组的主渠道,全社会兼并收购浪潮的内部和外部环境都正在形成,而这也正是转型经济的重要特征之一。

利用混合所有制,推动国企改革

资本市场是优化市场要素配置、促进企业投融资、兼并重组等的市场化平台,有着较高的信息透明度,市场化程度高;混合所有制改革的实现路径主要是:通过上市公司和资本市场进行资本运作与市值管理,打造公开、透明的公众公司,保证规则的透明化……

由此可见,两者具有天然的共性。混合所有制的核心问题是国资转让,而通过资本市场运作有助于保障各方参与者的利益,而且通过上市公司可以建立起以投资为纽带的现代企业制度。

事实上,所有的上市公司都是混合所有制企业,关键是如何发挥中小(公众)股东的作用。资本市场不仅能够培育健康的股权治理结构,形成良性的股权文化,还可以强化国有资本的保值增值,推动公司提升股东价值,充分实现上市公司的价值。

经营一家企业,从本质上来说,就是资本与产业的结合。有的企业借助资本,实现了一飞冲天的梦想,创造了商业神话;有的企业和资本牵手后,却矛盾不断,经营受阻,最终不得不分手。要想与资本完成一段优美的舞姿,关键是把握趋势,用好政策红利,采取适合企业的资本策略,如此才能最终实现资本的倍增。

企业自身难以完成资本跳跃性增长

在资本累积到一定程度后,很多企业通常都无法完成资本的跳跃性增长,因此也就无法适应现代社会的发展。之所以会出现这种情况,主要是因为没有做好资本运作。

纯粹靠经营产品挣得的钱总是有限的,要想把企业真正做大,就要学会资本运作。因此,企业首先要了解资本运作的概念和作用,熟知资本运作的模式分类,积极探索资本运作模式的创新。只有这样,才能实现资本的跳跃性增长。

资本运作及其作用

资本运作又称资本运营、资本经营、资本营运,指的是利用市场法则,通过资本本身的技巧性运作或资本的科学运动,实现价值增值、效益增长。在发展到一定阶段的时候,企业只有学会资本运作,利用有限的可以产生价值的资源,才能实现企业的资本创利最大化。

资本运作不同于生产制造、库存管理、产品营销、市场开

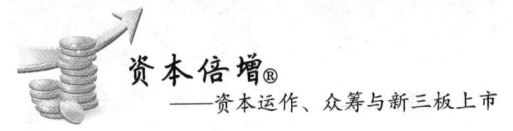

拓、品牌创建等传统意义上的经营活动，而是着重于企业资本项下的活动，比如上市、融资、企业兼并、债务重组等。也就是说，资本运作就是利用资本市场，通过买卖企业和资产而赚钱的经营活动。

在现代商业社会中，资本运作已经成为企业寻求利润最大化的重要因素，是一些富于挑战、勇于创新的企业的资本倍增器。所以，要把自己的资本（有形的和无形的）拿到市场上，通过上市等一系列合理手段，再结合自身发展情况进行合理的运营。如此，不仅可以让自己的期望提前得到兑现，还便于我国经济快速融入世界经济的大循环中。

资本运作的模式分类

资本运作的模式主要有资本扩张与资本收缩两种。

1. 资本扩张

资本扩张是指在现有资本结构下，通过内部积累、追加投资、兼并和收购等方式，实现企业资本规模的扩大。根据产权流动的不同轨道，可以将资本扩张分为以下三种类型：

（1）横向扩张

横向扩张是指交易双方属于同一产业或部门，产品相同或相似，为了实现规模经营，进行产权交易。采用这种方式，不仅可以减少竞争者的数量，增强企业的市场支配能力，而且能够有效地改善行业的结构，解决市场有限性与行业整体生产力不断扩大的矛盾。

（2）纵向扩张

纵向扩张是指处于生产经营不同阶段的企业或不同行业部门之

间、有直接投入产出关系的企业之间的交易。这种扩张方式将关键的投入产出关系纳入自身的控制范围,通过对原料、销售渠道、用户的控制,提高企业对市场的控制力。

(3) 混合扩张

混合扩张是指两个或两个以上相互之间没有直接投入产出关系和技术经济联系的企业之间进行的产权交易。这种方式适应了现代企业集团多元化经营战略的要求,其优点在于:分散风险,提高了企业对经营环境的适应能力。

2. 资本收缩

资本收缩是指企业把自己拥有的一部分资产、子公司、内部某一部门或分支机构转移到公司外,从而缩小公司的规模。这种方式是针对公司总规模或主营业务范围而进行的重组,根本目的是追求企业价值最大、提高企业的运行效率。

收缩性资本运营是扩张性资本运营的逆操作,其主要实现形式有以下四种:

(1) 资产剥离

资产剥离是指把企业所拥有的一部分不适合发展战略目标的资产出售给第三方。这些资产既可以是固定资产、流动资产,也可以是整个子公司或分公司。资产剥离主要适用于以下几种情况:不良资产的存在恶化了公司财务状况;某些资产明显干扰了其他业务组合的运行;行业竞争激烈,公司急需收缩产业战线。

(2) 公司分立

公司分立是指将企业的某一子公司的全部股份,按比例分配给母公司的股东,从法律和组织上将子公司从母公司的经营中分离出去,形成一个与母公司有着相同股东和股权结构的新公司。在分立

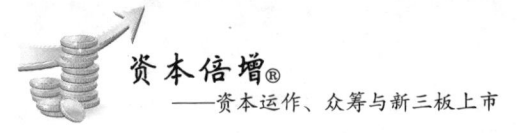

的过程中，不存在股权和控制权向第三方转移的情况，母公司的价值并没有发生改变，而子公司却有了自己的独立价值判断。

（3）分拆上市

分拆上市是指母公司将其在子公司中所拥有的股份，按比例分配给现有母公司的股东，从法律上和组织上将子公司的经营从母公司的经营中分离出去。分拆上市后，原母公司的股东虽然在持股比例和绝对持股数量上没有任何变化，可以按照持股比例享受企业的净利润分成。最为重要的是，子公司分拆上市成功后，母公司可以获得超额的投资收益。

（4）股份回购

股份回购是指股份有限公司通过一定途径购买本公司发行在外的股份，适时、合理地进行股本收缩，达到缩小股本规模或改变资本结构的目的。股份公司进行股份回购，原因主要有以下几点：保持公司的控制权；提高股票市价，改善公司形象；提高股票内在价值；保证公司高级管理人员认股制度的实施；改善公司资本结构。是否进行股份回购取决于股份公司对自身经营环境的判断。一般来说，处于成熟期或衰退期的、已超过一定的规模经营要求的公司，可以采用这种方式来收缩经营战线或转移投资重点，开辟新的利润增长点。

资本运作的模式创新

资本作为生产要素之一，只有同其他生产要素组合起来，优化配置，才能将资本的使用价值最大限度地发挥出来，才能创造出更多的价值。那么，如何才能实现资本运作模式的创新呢？

1. 整体上市

2004年1月，TCL集团的"阿波罗计划"正式实施。TCL集团吸收合并了其旗下的上市公司TCL通讯，实现了整体上市；原TCL通讯注销法人资格并退市，TCL集团向TCL通讯全体流通股股东换股，并同时发行TCL集团人民币普通股，TCL通讯的全部资产、负债和权益并入TCL集团。

整体上市为TCL集团筹得了25.13亿元资金，不仅为公司带来了产业扩张的新契机，也为其带来一个新的资本运作平台。

在企业的发展过程中，要想面对全球化竞争，做大做强，必然需要大量的资金，而金融资本集资则是最有效的方式。集团上市定然可以让集团有效地通过集资发展；而通过行业整合和产业重组，是无法让大集团完全靠现金收购来进行产业重组的，只有整体上市才能够让大集团通过股权收购实现更有效的扩张。

2. 产业整合

如果产业规模很大、很分散，怎么整合？德隆的选择是：把资本经营作为产业整合的手段。通过资本经营，收购同行业中最优秀的企业；然后，通过这个最优秀的企业，整合和提升整个行业。于是，德隆不仅把资本经营与产业整合结合了起来，而且还将二级市场与一级市场进行了有效的结合。

德隆控股5家上市公司，他们的做法是把证券市场作为企业整合的一个手段。通常情况下，德隆是不会孤立地投资一个项目的，其之所以要投资某个项目，主要就是为了整合整个行业。例如，为了整合新疆水泥行业，首先，德隆控股屯河70%以上；其次，把屯

河的水泥生产能力卖给天山，用所卖得的钱购买天山集团对上市公司的控股股权，从而控股天山；最后，通过天山，对整个新疆的水泥业实现有效整合。

3. 产融结合

当产业资本发展到一定阶段时，对资本的需求会不断扩大，这时就会不断地向金融资本渗透；而当金融资本发展到一定阶段时，也必须寻求产业资本的支持，以此作为金融产业发展的物质基础。因此，产业资本与金融资本的产融结合就成了市场经济发展的必然趋势。

2002年12月，海尔集团与美国纽约人寿保险公司（全球最大的保险公司之一）合作，成立了海尔纽约人寿保险有限公司。其实，在过去的一年时间里，海尔已经先后控股青岛商业银行、鞍山信托、长江证券。如此，海尔在金融领域已经涉足银行、保险、证券、信托、财务公司等业务。

海尔投资金融业，是其搭建跨国公司框架的开始。金融业具有良好的资金流动性，产融结合必然会为海尔的资金链加入"润滑油"，加速其资金融通，这样就为海尔冲击世界500强提供了强劲的资金动力。

资本运营的形成，既有企业内部的动因，也有企业外部环境的支持。重视资本运营的战略地位，借鉴成功的运营模式，并在现实的运作中不断地探索和创新，对企业集团的发展有着深远的意义。因此，要想完成资本跳跃性增长，就一定要熟悉资本运营模式和各个关键环节；同时，还要充分把握企业的各种融资方式，提高企业由强到大的综合能力。

第一章 资本倍增：资本从代数级增长到几何级增长

撬动资本杠杆，带企业一起飞

古希腊数学家、力学家阿基米德有这样一句名言："给我一个支点，我就能撬动地球！"他一语道破了借助神奇支点、依赖杠杆原理，以小博大的科学原理。如今，这种以小博大的杠杆原理被人们广泛应用于各个领域。

同样，在资本投资市场，熟练运用这一杠杆原理，也可以发挥出以小博大的作用。充分利用这股力量，可以使财富以几何级速度成倍增长。如果不会利用资本的杠杆力，找不到这个支点，就很难实现财富的快速增长。

资本杠杆和其作用

资本杠杆又称为财务杠杆、融资杠杆或负债经营，指的是企业在制定资本结构决策时对债务筹资的利用。作为企业筹措资金的重要手段，贷款的成本必然会随着贷款利率的上涨而增加。为了维持企业的生存与发展，就要合理地利用资本杠杆，应对复杂多变的国内外经济环境。合理地、有效地利用资本杠杆，不仅可以降低企业

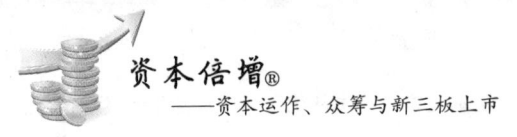

的资金成本，还能够有效提高企业的自有资金利润率。

负债筹资是企业通过发行债券、向银行借款、融资租赁等方式筹集的资金。采用借入资金的方式筹集资金，到期要归还本金和支付利息。与权益筹资比较起来，负债筹资要承担较大的风险，但付出的资金成本却比较低。

在资本总额和其结构既定的情况下，息税前利润中支付的债务利息是固定的。当息税前利润增大时，每一元盈余所负担的财务费用就会相对减少，这样就会给普通股股东带来更多的盈余；反之，则会大幅减少普通股盈余。这就是负债筹资的资本杠杆效应。

这种杠杆作用来自企业的筹资，与投资活动没有任何直接的关系，后者是不会因为杠杆作用而发生改变的。

企业如何"玩转"资本杠杆

随着企业经营的内部环境和外部环境的变化，企业的资本杠杆水平也应进行动态变化。因为在新形势下，曾经对企业持续发展有促进作用的资本杠杆，有可能对企业的发展起到阻碍作用；同样地，原来对企业发展起不利影响的资本杠杆，也可能促进企业的发展。

面对现实经济环境的多变和资本杠杆的双重作用，为了提高自身的竞争力，企业就要保持一个有弹性的、具备较强调整能力的资本结构。在资本运作上，决策者要充分考虑以下五点：

要 点	说 明
1	投资利润率是否大于举债利率水平。当投资利润率大于举债利率时，杠杆举债会给投资带来积极的正面收益；相反，则会给投资带来负面的收益。

续表

要点	说　明
2	运用资本杠杆举债，不是盲目地举债、不科学地举债，要做好最好情况和最坏情况的财务预算，一旦向坏的情况发展，就要及时做出相应对策，化解风险。
3	举债时，要用"现金流"来核算举债预期的优劣，使这种举债最大化地产生好的现金流，保证产生好的收益。一旦现金流出现负流向，也要及时采取对策来应对风险。
4	政策变化往往意味着国家或者市场对这个行业需要调节，会直接影响行业的趋势变化，趋势一旦发生了变化，未来投资收益就会发生变化。因此，要通过对趋势的判断，做出相应对策。
5	杠杆力应该有效结合趋势力，一旦趋势发生变化，就要及时做出调整。在一般情况下，把握好趋势就可以帮助控制好财务杠杆的风险。这点在期货投资市场尤为重要。

　　总之，在资本经济时代，资本之间的配置会产生一种驱动力，无数个驱动力就会组成社会前进的动力。这是大势，每个企业都会被卷入其中。因此，应在资本市场撬动资本，充分发挥资本杠杆的力量，让资本带着企业一起飞。

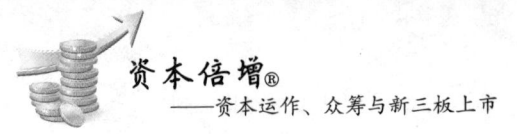

资本的"瓶颈"真的是资金吗?

有些企业领导者认为,企业资本的"瓶颈"就是企业资金短缺,以致无法扩大产能、增加产量和进行多元化发展。事实上,企业出现资本瓶颈的根本原因并非源于资金本身,而是没能对接资本市场。

借力资本市场是如今企业融资发展的第一要务,而资本市场的最大功能就是缓解企业尤其是中小企业融资难的问题。现代企业的竞争是资本与资本的竞争,不懂资本知识,忽视了融资技巧,没有金融圈子,要想赢得竞争,是异常艰难的。因此,要想破解企业融资的"瓶颈",就要不断调整思路,积极对接资本市场。

多层次企业融资可以对接多层次资本市场体系

企业融资成本高,已经成为一个社会难题。作为配置金融资源的有效手段,资本市场是缓解这一难题的重要阵地。同时,在以"多层次资本市场"为主要内容的改革创新中,传统主板市场以外的创业板、新三板、"四板市场"和券商自办柜台市场迅速崛起,为对接多企业融资提供了绝佳场所。中国多层次资本市场体系,如下图所示。

证监会致力于发展多层次资本市场，在建立主板、中小板、创业板、新三板的基础上，将区域性股权市场纳入"第四板"进行监管，为企业尤其是中小企业的融资发展提供支持。

如今，借着多层次资本市场的东风，区域性股权市场正迅速崛起。据数库财务统计，早在2014年8月4日，包括前海股权交易中心、浙江股权交易中心、上海股权托管交易中心等在内的20家区域性股权交易市场的挂牌企业数量已经达到了10401家；场外市场挂牌企业覆盖了工业、信息技术、原材料、日常消费品等11个行业。各区域性股权交易中心对区内中小企业的服务价值不可小觑。

有些业内人士认为，"四板市场"不仅可以为区内中小企业提供区域性的资本市场服务平台，促进企业信用信息平台的建设，破解中小企业信用"信息孤岛"困局；还可以为财政、科技扶持资金的使用投资提供一个公开透明的平台，有利于社会对财政资金使用情况进行监督。此外，依托这个平台确认股权，恢复转让权，既可以使围绕股权开展金融服务和科技成果入股成为可能；还可以为各行业整合转型升级提供丰富的企业并购资源，为创投提供正常的退出渠道。这些作用都与企业的融资成本有着密切的联系。

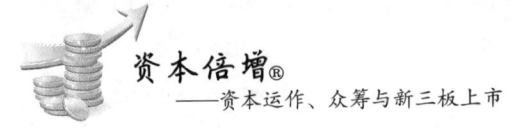

如今，主板市场已然不再独占鳌头，创业板和中小板的创新、新三板市场机制的不断完善、区域性股权交易市场的蓬勃发展，都让中国资本市场有了更多的看点，为企业对接资本市场提供了广阔的渠道。

对接资本市场是时代所需，是企业所需，也是资本市场所需。在这里之所以强调企业对接资本市场的重要性和必要性，主要是因为当前多层次资本市场具有六大功能：

功　能	说　明
清晰企业产权	中小企业进入资本市场，进行规范的股份制改造，有助于明晰企业产权。
清理企业历史上不规范的做法	通过实行规范的股份制改造，不仅可以清理企业经营历史和资产形成过程，还会改变企业所有者的利益取向，从单纯追求企业财务收益转变为追求企业股权资本增值收益，为企业的发展构建一个规范健康的新起点。
规范公司管理	要想进入资本市场，不仅要按照《中华人民共和国公司法》的规定建立规范的治理结构和管理体制，还要引入外部股东和外部监管机制，有专业的中介机构梳理公司各项事务，有一定的市场监管。
建立股份定价和流通机制	进入资本市场，可以使中小企业的股份在一个面向全国的有监管的市场交易，不仅会大大提高公司股份的定价，还会增强股份的流动性；不仅有利于公司股东转让股份，还会引导股东的行为，构建具有共同利益基础的公司治理结构。
为中小企业提供多样化的股权融资机制	多层次资本市场可以针对不同成长阶段中小企业股权融资的特点，提供适应其需要的一系列多样化的股权融资机制，比如私募融资、向特定对象的公开发行、不同上市条件的公开发行等，满足中小企业多样化的股权融资需求。
构建股权激励机制	进入资本市场，利用资本市场股份定价和流通功能，不仅可以为中小企业构建长期有效的股权激励机制，还能够为企业持续健康发展提供合理的人力资源。

企业对接资本市场选择方式应多样化

就场外市场的发展现状来看，不论是新三板，还是上海股权托管交易中心等区域性股交中心，其挂牌企业数量近年来都呈现逐年快速增加的趋势，交易制度也在探索中逐渐完善。同时，OTC市场融资能力不断提高，吸引了越来越多潜在挂牌企业。

这些小微企业通常都希望借助OTC平台参与资本市场运作，通过股权融资或债券融资等方式在市场上寻求资金，加快企业后续发展。比如，上海华龙测试仪器股份有限公司（以下简称"华龙测试"）。

作为国内品种最全的试验机制造商、高端试验机产品的研发基地和国内测试仪器行业的领航者，华龙测试早在成立之初就明确了公司的市场定位，规划好了公司未来的发展方向；同时，还将未来上市的计划也纳入了企业长远规划。

经过多年的耕耘，在2013年6月7日，华龙测试在清大益讯（北京）投资管理有限公司（以下简称"清大益讯"）的推荐下成功挂牌上海股权托管交易中心，踏上了企业资本化运作之路。挂牌后，华龙测试严格把控内部控制流程，规范公司治理结构，仅一年多的时间，便实现了规模和市场竞争力的大幅提升。

如今，华龙测试又开始描绘更宏伟的蓝图。2014年，在清大益讯的辅导下，企业计划在登陆香港创业板，依托香港成熟资本市场的交易制度、监管规则和合理的估值，实现更大范围内的融资，实现更大空间的股价升值。一旦实现了这一目标，华龙测试就会成为

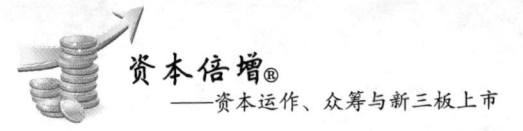

目前第一个从场外交易市场转至香港创业板上市的内地企业。

总而言之，无论是企业选择主板、创业板、全国性场外交易市场，还是选择区域性股权交易市场、境内或境外上市，企业借助资本市场加快自身发展都已经成为一大趋势。面对众多选择，企业就要从自身条件出发，选择适合自己的上市地，在推荐机构的辅导下推进各项工作。

此外，鉴于场外市场的"转板机制"，如果企业还不符合企业主板、创业板上市条件，完全可以考虑"曲线救国"：先在新三板或者上海股权托管交易中心等区域性股交中心挂牌，在挂牌后的一段时间内努力达到主板或创业板的上市要求。

第一章 资本倍增：资本从代数级增长到几何级增长

影响资本倍增的 N 个因素

企业的资本倍增，就是企业的财富倍增。影响企业财富增减的因素有很多，如市场因素、政策因素、经营因素等，其中关键的是经营因素。因为，不管市场、政策如何变化，企业经营的成败都取决于经营是否能适应内外部环境。

影响企业资本倍增的经营因素包括把握财富趋势、选择财富通路、打造财富系统三方面的内容。下面我们就对此进行详细解读。

把握财富的趋势与时机，搭上财富革命的快车

据美国一家研究机构调查显示，针对产品来说，20 世纪 60 年代，只要做电视机就能够赚到钱；70 年代，做微波炉生意赚钱；80 年代，做录像机赚钱；90 年代，做 PC 和网络赚钱。那么，21 世纪，什么能够赚钱？

有一本非常有名的书叫《财富第五波》，其中写道"将来营养保健行业将产生兆亿美元的营业收入"。如果不了解趋势，选择一个

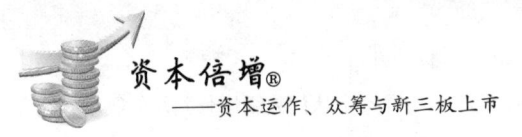

夕阳产业，只会让企业越做越穷，越做越不行，所以要知道趋势在哪里。

众所周知，有的时候不在于你的能力有多大，时机也很重要。很多时候，我们都会画一幅行业上升和下降的曲线图，因为任何行业的发展都会经历开始、高峰、低潮，这是经济的发展规律。

由此可见，进行项目考察时，一定要选择好时机。进入时机好，就能赚钱；如果别人已经做了几十年，开始衰退了，你再去做，很可能就赚不到钱了。所以，不仅要把握好趋势，还要选择一个好的时机。这是实现资本倍增的一个重要因素。

OPT 法则——选择财富通路

OPT 法则是财商教育里非常重要的一个概念，叫作"收入倍增术"，英文叫"other people's time"，意思是"别人的时间"。从资本倍增的角度来说，就是要学会用别人的金钱为你赚钱。换言之，这也是企业如何选择财富通路的问题。

如今，社会已经到了合作共赢的时代。如果你只知道埋头苦干，就会回到小农经济时代。如果产品没有通路，没有人帮你销售，你必然会赔钱。握有通路就等于掌握未来和财富。如何用别人的金钱为自己赚钱，是企业必须认真对待的问题。

打造财富系统

为什么麦当劳和肯德基那么赚钱？你能做出比麦当劳和肯德基更好吃的汉堡吗？如果可能，你能建立比麦当劳和肯德基更好的组织系统吗？

当年，有一家叫红高粱的公司，在中国喊出的口号就是"我要在中国打败麦当劳和肯德基"。红高粱快餐推出了河南烩面、山西的炒粉、刀削面等，可是如今早已经销声匿迹。为什么？因为它没有一个很好的系统，可是麦当劳却有！比如麦当劳坚持"挑战60秒"，如果超过60秒给食客送上东西，就送给他一杯饮料；麦当劳对服务员走路的节奏都是有规定的。

事实上，任何一家大企业都有一套系统。根据调查显示，一个业务员在国内的一家公司每年做十几万元的业绩就已经很厉害了，可是，在宝洁却可以轻轻松松做到百万元。为什么？因为宝洁有一套非常高效的营销系统。宝洁为自己的业务员做好了广告、计划，只要在这个地区，就会做到这么高的业绩。这就是系统的力量。

如何使自己的资本成倍地增加？如果企业注重经营，把握资本趋势、选择资本通路、打造资本系统，资本倍增必然能够实现。

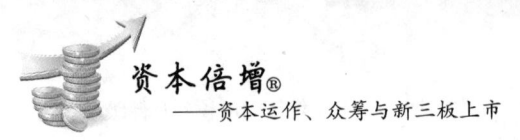

商业模式变革在资本倍增中的作用

商业模式在资本倍增中具有重要作用。只要选对了商业模式，就可以轻轻松松赚大钱；一旦选错，即使付出很多，也是赚不到钱的。

 商业模式变革与资本倍增的关系

同样是做企业，为什么有的企业越做越小，不仅亏损，甚至还倒闭了；有的企业却越做越大，利润还能越来越多？因为，企业家眼光是否独到，选择的行业是否优秀，都会对企业的盈利造成直接影响。选择一个能轻松盈利的行业，就会做得很轻松。什么叫轻松盈利的行业？比如，你的产品大家哭着喊着都要买，如果你选择了这种行业，肯定赚钱。

做企业要懂得管理密码，尤其对怎么选行业、怎么让钱转起来（财务管理）要很明白。了解这些、懂得这些，是企业能够盈利的基础。这就是盈利企业的奥妙所在！

每个企业都有一套自己的商业密码。所谓商业密码就是企业家盈

利的方式和手段，即你靠什么让消费者把钱送到你的口袋里。是在你还没给他提供产品和服务的时候，他就愿意把钱往你的口袋里装；还是，在提供产品和服务的同时去收他的钱；抑或把产品和服务已经提供给消费者了，可是，消费者就是不愿意给钱，能拖就拖……

这三种现象都解释了商业密码的重要性。如果商业模式没有选择好，可能就要面临以上所说的第三种情况：自己拼命地干活，把产品和服务都提供给了对方，可对方就是不想付钱。

苹果公司和富士康公司同属于IT行业，可是，它们选择的商业模式却不一样。苹果公司选择的是服务和研发，而富士康公司选择的是代工和加工。这两种盈利模式的不同之处在于：一个是靠头脑、智慧赚钱；一个是靠四肢、体力赚钱。赚钱的方式不一样，两者的辛苦程度也就不同，利润率自然也就不一样。

让利润成倍地变为企业财富

之所以会产生财富差别，主要原因就在于，是否懂得资本密码。在我们身边，有的人不会用杠杆的力量让利润翻倍；有的人却掌握了资本杠杆的力量，将利润成倍地转化成了企业财富……这样，企业间的差距自然就拉开了。

"冯氏企业财富理论"认为，做企业怎样才能合法、有效而且快速地让财富增值？其实就是一个公式，即：财富密码 = 管理密码 × 商业密码 × 资本密码。只有企业家改变思维方式，才能让企业实现盈利。

过去，做企业是卖产品、卖服务；现在提倡的是，不仅要卖产品、卖服务，还要卖企业——卖企业利润表！概括地说，就是"企

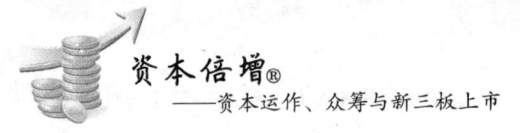

业干得好不如卖得好,要想卖得好必须干得好"!如果想把企业卖得好,前提是必须干得好!

企业的管理密码和商业密码是卖产品和服务,而企业的资本密码则是卖企业(利润表)。如果说企业的管理密码和商业密码解决的是如何通过做好企业获得利润,那么资本密码解决的则是对利润表所体现的利润的资本化过程,也就是如何通过资本密码让企业财富呈几何级数增值。

如果想让企业的经营获得成功,既要掌握管理密码,靠加法做大企业的价值,也要掌握商业密码,靠乘法做强企业的价值,更要懂得运用资本密码靠几何级数让企业价值倍增。这就是现代市场经济的游戏规则与价值链条,也是卓越企业的发展方向,更是中国企业的发展方向!

总之,资本如同企业的血液,资金链一旦断裂,企业必然会面临崩盘;商业模式是企业之魂,只有找到了正确的、合适的商业模式,才能找到资本。得资本者,得天下!

第二章

资本思维：搞资本是乘法，
　　做反了则是除法

要实现更大的资本梦想，企业家必须具备特殊的思维能力，培养善于发现财富的眼光，从杠杆思维、市值思维、协同思维三个梯度来构建资本思维，讲究天下之财取用之道，通过群体合力来操作资本运作等。这是从挣钱思维到赚钱思维，最后到资本增值思维的必经之路。

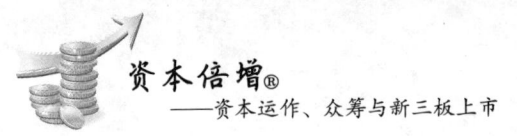

企业家应该具备的五大特殊思维

当今市场，企业竞争日益激烈，形式更加纷繁复杂。那么，企业间的竞争靠的是外化的品牌、广告、形象、公关、服务吗？靠的是更加深层的战略、资本、商业模式吗？当然不是！这些都是企业经营活动必不可少的手段，而不是赢得竞争的法宝。

企业间竞争的真正核心是创造并运用这些经营手段的企业家思维。那么，当今企业家应该具备什么样的思维呢？企业家思维既要有与各行业卓越人士相同的追求卓越，不断超越自我的思维特征；还要有经营企业的特殊思维，如共赢思维、超前思维、整合思维、危机思维、哲学思维等。

共赢思维

共赢思维是检验一个企业家能否跳出企业看企业，能否具有高站位、大视野、利他人思想境界的试金石。在思考企业的生存和发展时，优秀的企业家不会孤立地从企业自身的利益出发，而是会积极地为同行业、同地域企业寻求做大做强的宏观战略与策略；然后，通过企业自身的努力，获得自己应有的份额，而不是思考如何将竞争对手置于死地。

任何企业都无法独占某一市场，与其时时想着对手，把精力、手段、财力放在吃掉同行上，不如果把精力、手段、财力放在把市场做大上。只有将市场这块蛋糕做大了，企业分得的那份数量才会增加，同行业的企业也可以从中获益，成为真正的竞争队友。击垮了竞争对手，虽然可以让你失去竞争者，但同时也失去了激励者。

共赢思维的本质就是——"利人"。华人首富李嘉诚在总结自己从商心得时说：做生意要"打出以利人为先的牌""小利不舍，大利不来"。由此可以知，李嘉诚之所以能够成为华人首富，其共赢思维是重要因素之一。因此，要想在市场上获得更大的份额，就要树立"利人利己"的共赢思维。

超前思维

所谓超前思维就是对企业、行业和社会未来发展的趋势进行预测和思考，对未来的趋势进行认识和分析。在21世纪高科技的推动下，经济社会的发展变化必然会更加纷繁复杂，如果缺乏超前思维，不仅无法昂立潮头，而且随时都可能被高速发展的社会所抛弃。

超前思维既不是凭空想象，也不是主观臆断，它是建立在个人所具备的知识、经验、信息和思维水平基础上的综合判断与大胆想象。一旦形成这种判断与想象，就会在企业家心中形成强烈的方向感和远大的目标感；在方向和目标的指引下，企业定然会通过坚持不懈的努力，到达成功彼岸。

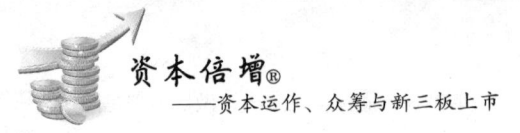

古语说得好："不谋万世者，不足以谋一时！"这句名言既是对不具备超前思维能力的人的警示，也是对具有超前思维能力的企业家的启迪。因此，在21世纪的搏击中，一定要具有超前思维，因为只有具有远见，才能达到"谋定而后动"的境界。

整合思维

所谓整合思维就是在考虑经营方略时，不仅要考虑企业内部的既有资源，还要将企业的外部资源纳入思考范围，通过内外资源的有机组合，达到为企业所用的目的。

2002年，全球著名的整合营销传播创始人舒尔茨教授来到中国，当他从学员那里了解到北京心力源源电子有限公司2002年为销售摩托罗拉汽车电话而做的全国免费赠送营销方案的时候，赞叹道："心力源源的活动，是目前我所看到的最有趣的中国整合营销传播案例。在这个案例中，消费者得到了满足，而且没有付出额外代价；保险商得到了稳定和高价值的客户；代理商得到了合理的佣金；心力源源获得了市场、品牌和资金回报。形成了一个良性的闭环财务系统，没有资源的浪费。这就是整合的力量。"

整合思维不是简单的1+1，也不是1+N，而是在企业内部资源和外部资源之间寻找不同利益者之间的共同利益点。如果资源提供双方或多方利益点达到相对平衡，消费者需求得到较大满足，整合思维必然会结出硕果，为本企业和外部企业带来收益。

整合思维不仅是企业间利益的整合，也是建立新商业模式的思维基础，更是社会资源与企业资源达到优化配置的系统化思考。在

21世纪，一定要运用整合思维，让其在战略制定、兼并重组、整合营销、商业模式构建中发挥应有的作用！

危机思维

危机思维指的是在企业取得成就或处于发展顺境时，企业家并不沉湎于成功的喜悦，而是居安思危，敏锐地发现存在的问题和可能面临的困难，全面思考企业前进中应该解决的问题，确保企业稳健发展。

在纷繁变化的21世纪，只有牢固树立危机意识，把意识变成危机思维习惯，才能够牢牢把握企业基业长青的命脉。危机思维既是考验一个企业家能否成功超越自我的标志，也是确保企业家保持清醒头脑、看清未来困境的能力。没有危机思维，企业是无法做大做强的！

比尔·盖茨常说"微软距离破产永远只有18个月"，海尔张瑞敏时常提醒自己"永远战战兢兢，永远如果履薄冰"。正是由于他们具备了危机思维，才能在多数人沉浸在成功的喜悦中时，表现出"众人皆睡我独醒"的清醒状态。

哲学思维

所谓哲学思维指的是企业家将自己从事企业管理的经历和经验，自觉地运用归纳与演绎、抽象和具体、综合和分析等哲学思维方法，使之上升到具有普遍性的、规律性的认识，成为指导企业经营的世界观。

综观成功的企业家，如牛根生、严介和、马云、李东升等，他

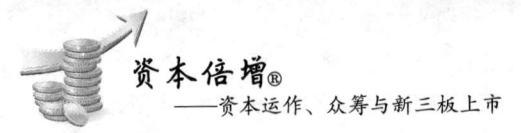

们之所以能够取得骄人的业绩,是因为都有正确的哲学思维做指导。在他们的言谈话语中,不仅透着哲学的思辨,还透着经营的智慧,更包含着把握了企业发展变化规律的从容和淡定。因此,哲学思维是一个企业家必须具备的思维。

发现财富的眼光主导创造财富的行为

管理大师彼得·德鲁克曾经说过:"一个企业的成长被其经营者所能达到的思维空间所限制。"在全球化的今天,企业的长远发展,与企业的财富管理和传承密不可分。从一定意义上来说,企业经营者驾驭财富的眼光主导着他们创造财富的行为。

那么,企业经营者该如何面对财富机遇?如何通过财富管理扩大投资收益、促进企业发展呢?首先,就是要具备发现财富的眼光。

洛克·菲勒发现财富的眼光

洛克·菲勒出生在一个贫民窟。小时候,他和大多数出生在贫民窟的孩子一样争强好胜,喜欢玩,调皮捣蛋,甚至逃学。

不同的是,洛克·菲勒从小就有一种善于发现财富的非凡眼光。有一次,他在街上发现了一辆旧玩具车,捡回家后将其修好,让同学们玩,向每个人收取0.5美分。仅用了一个星期,他竟然赚了买一辆新的玩具车的钱。洛克·菲勒的老师深感惋惜地对他说:"如果你出生在一个富人的家庭,一定会成为一名出色的商人。可是,这

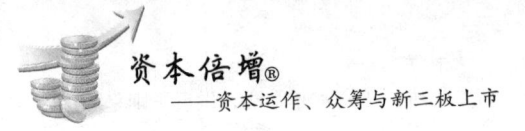

对你来说已经是不可能的事了,你能成为街头商贩就不错了。"

洛克·菲勒中学毕业后,正如他的老师所说,他真的成了一名小商贩。他卖过电池、小五金、柠檬水,每一样都经营得得心应手。与贫民窟的同龄人相比,他已经可以算是出人头地了。然而,后来的一批丝绸生意让洛克·菲勒从小商贩一跃成为商人。

在港口区域里,有一个地下酒吧,洛克·菲勒经常到那里喝酒。那天,洛克·菲勒喝醉了。当他步履不稳地走过几位日本海员身边时,海员们正在与酒吧的服务员说那些令人讨厌的丝绸的事。

原来,有批来自日本的丝绸,有一吨多。因为在轮船运输过程中,遇到了风暴,丝绸被染料浸染了,如何处理这些被染料浸染的丝绸,成了日本人非常头痛的事情。他们想卖掉,却无人问津;想运出港口扔掉,又怕被环境部门处罚。最后,日本人打算在回程的路上把丝绸抛到大海里……

说者无心,听者有意,洛克·菲勒感到机会来了。第二天,他便来到轮船上,用手指着停在港口的一辆卡车,对船长说:"我可以帮你们把这些没有用的丝绸处理掉。"结果,他没有花一分钱便拥有了这些被染料浸染的丝绸。然后,他将这些丝绸制成了迷彩服、迷彩领带和迷彩帽子。几乎一夜之间,他便拥有了10万美元的财富。

有一天,洛克·菲勒在郊外看上了一块地皮。他找到这块地皮的主人,说自己愿意花10万美元买下来。地皮的主人拿到10万美元后,心里还在嘲笑他:"这样偏僻的地段,只有傻子才会出那么高的价钱!"可是,令人想不到的是,一年后市政府宣布在郊外建环城公路。很快,洛克·菲勒的这块地皮便升值了150倍。

一位富豪想在这块地上建造别墅群,愿意用2000万美元购买这块地皮。可是洛克·菲勒没有答应，并笑着告诉富豪："我还想等等，因为我觉得这块地皮应该值更多钱。"果然不出洛克·菲勒所料，3年后那块地皮卖了2500万美元。

洛克·菲勒活了77岁。临死前，他让秘书在报纸上发布了一条消息，说他即将去天堂，愿意给那些失去了亲人的人带一个问候的口信，条件是每人收费100美元。这一荒唐的消息，引起了无数人的好奇心，结果他赚了10万美元。当然，如果他能在病床上多坚持几天，会赚得更多。在他去世后，秘书按照他的遗嘱登了一则广告，说他是一位绅士，愿意和一位有教养的女士同卧一个墓穴。结果，一位贵妇人愿意出资5万美元和他一起长眠。

这就是洛克·菲勒——一个至死都要赚钱的人。他的碑文上写着："我们身边并不缺少财富，而是缺少发现财富的眼光。"

在我们身边，有人总会抱怨，自己没有关系，没有资源，没有本钱……其实，他们是没有自信，没有发现财富的眼光。也有人抱怨，我生不逢时，那些发财的机会没让自己碰上，却不知自己身边有着无数的发财路径，只是不识庐山真面目而已。有人总渴望天上掉馅饼，殊不知，馅饼其实就是陷阱，毕竟，天下没有白吃的午餐。

练就发现财富的眼光

事实上，只要用资本思维训练财富眼光，从身边的项目做起，从熟知的行业做起，钻精钻透一个行业，然后你便会突然发现：自己发现财富的眼光比任何人都独到、犀利。

1. 善于思考，出奇制胜

在上面的案例中，日本商贩本来打算将被浸染的1吨多丝绸抛到大海里，洛克·菲勒表示可以帮忙处理这批丝绸。没想到洛克·菲勒用这些丝绸制成迷彩服装、迷彩领带和迷彩帽子。几乎在一夜之间，洛克·菲勒拥有了10万美元的财富。

2. 牢盯靶心，择机出牌

沃尔玛高薪养了一群看似与企业无关的气象家，曾得到很多人的冷嘲热讽，沃尔玛高层也不断有人提出异议。可是，每当台风来临时，人们就会惊异地发现：只有在沃尔玛的卖场，人们才能找到最充足的灾后物资。

3. 推己和人，应势而上

史玉柱有着非凡的商业头脑，他担心自己的智慧不能遗传给孩子，于是钻研起让孩子变得更聪明的保健品，最终推出了脑黄金。要知道，他的这种想法正是大多数父母都有的，因此该产品一度红火。

4. 要日积月累，有的放矢

眼光卓越的企业家总是在不断积累信息的基础上，把自己作为需求者，换位思考，果断出击，实现双赢。

第二章 资本思维：搞资本是乘法，做反了则是除法

企业家构建资本思维的三个维度

商业模式要解决的首要问题是企业重新定位于高利润区并获得持续盈利能力的问题。要想盈利，企业在起始阶段，要解决的是基本生存（现金流）问题；企业在发展阶段，要解决的是品质（利润率）问题；企业在成熟阶段，要解决的是可持续（总市值）问题。

全球化的商业竞争，已经不仅仅是技术、经营上的竞争，更是资本上的竞争。如果想在竞争中提升企业的盈利率，就要从杠杆思维、市值思维、协同思维这三个梯度来构建资本思维。

杠杆思维

什么是杠杆思维？所谓杠杆思维就是用小的资本撬动大的资本，以获得更多的收益。简言之就是负债经营。使用这种方式，可以补足公司自身资金的缺陷，争取先发制人，抢占市场先机，获取较大的收益。

比如，某项目净利润率可以达20%，以自有资本投入1000万

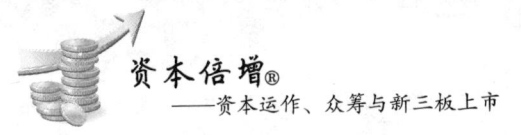

元,则能获得200万元的净利润。而假设举债的利息率为10%,借入4000万元,需要支付的利息为400万元,而这4000万元能够产生的收益为800万元,除去利息依然还有400万元收益。外加4000万元负债经营,则能获得600万元的净利润(利润率60%)。

这就是杠杆思维产生的效果!一流企业和二流企业的分野,就在于能不能运营市值这个利器,就在于能不能运用杠杆思维。当然,使用负债经营的时候一定要注意权衡,当自己的经营利润率高于负债成本时,可以加大负债经营的比重。如果想贷款而不得,会使业务枯萎而死;如果负债过重,无力偿还,会直接导致现金流断裂。

市值思维

所谓市值思维就是依靠企业的资本价值来促进扩张,这比杠杆思维要进一步。

很多实业企业家认为,自己企业的价值,就是企业总资产除去负债以后的资产净值的价值。如果说,你的企业只有5000万元的净资产,可是绝不是5000万元只值5000万元,因为你每年的净利润有1500万元。即使按照10倍的市盈率来算,你的企业也可以卖到1.5亿元。

市值代表了企业未来的赚钱能力,优秀的企业家都不会认为企业的资本价值是虚的,李嘉诚就是如此。

有一次李嘉诚宴请公司要客,结账的时候,李嘉诚从自己的腰包里掏出2万港币付款。众人都不明白,他解释道:"这顿饭钱如果由公司来掏,公司就多了2万元费用,相应的净利润就少了2万元。

按照股市平均 30 倍的市盈率来算，我的企业的市值就少了 60 万元。所以，如果是公司掏钱，一顿饭不是吃掉 2 万元，而是吃掉 60 万元。"

协同思维

协同思维，不是以经营资源的共享、交叉销售为目的，而是以各业务间金融资源调配、内部融资为目的的资本运作，常见于多业务、多元化的企业。

成功的公司有一个共同特点：总部能够掌控金融资源的内部配置，通过不同业务的组合可以重新分配现金流与投资，并且获得比公开资本市场更高的效率。在通用电气公司，多元化的真正含义是多元化投资，而不是国内的多元化经营。前者投资失败，只会给投资者的投资收益带来影响，并不会连累投资控股公司的现金流；而后者则正好相反。

如今，赚钱的野蛮时代已经过去，未来是拼真本事的时代。在商业竞争越来越激烈的今天，企业家要转变自己的思维观念，运用杠杆思维、市值思维和协同思维来构建资本思维，才能博得一席之地。

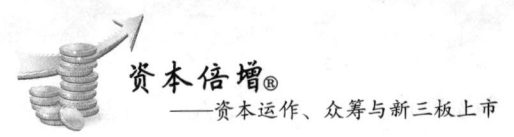

天下财，天下人取之，天下人用之

资本运作是利用一切有限的产生价值的资源，运用市场法则，通过资本本身的技巧性运作，达到资本创利的最大化。资本运作的一个重要的思维内涵，就是天下财为天下人所取和所用，这关乎如何取天下财和如何用天下财的问题，因此，必须以正确的资本思维为导向进行运作。

天下财为天下人所取

所谓"天下财为天下人所取"具有以下三层含义：

1. 天下人的钱都是你的，只是目前别人帮你代管而已

要知道，"天下所有钱都是我的，之所以现在不在我的账上，是因为别人在帮我们保管"。懂得了这个原理，做项目的时候就要从利他的角度出发，这样会取得更好的效果。

2. 你的钱也是天下人的，你目前只是帮别人代管而已

这一层强调的是换位思考——天下人的财富是你的，同时你的财富也是天下人的。这是比第一层含义更高级的境界。

3. 你的钱财多少跟你的心胸和格局成正比

你的胸怀和格局决定你的财富多寡。天下财富像海洋一样多，你的格局却只有一个小酒杯。即使拥有了百亿财富，与天下财富相比，也不值一提。如果只是把注意力放在自己的口袋上，你的那个取财容器很快就会封顶。所以，把眼光从自己的口袋移出来，帮助大系统里的更多人，别人的财富就会源源不断地流向你。

天下财为天下人所用

古人云："因天下之力，以生天下之财，取天下之财，以供天下之费。"意思是说，凭借全天下的力量，来谋取天下的财富，用取得的天下财物来供给天下的所用。引用这句话的用意在于：如果说君子爱财，取之有道，那么君子爱财，用之亦有道！

现实生活中，一些人发财致富之后，有钱就任性，肆意挥霍，畸形消费。例如，有的热衷于炫富，购豪宅买奢侈品，婚丧嫁娶大操大办，听任子女飙豪车招摇过市；有的涉足"黄赌毒"；有的甚至为富不仁，成为地方黑恶势力，欺行霸市，鱼肉百姓；有的官员聚敛了巨额钱财，可是一分钱不敢花，只能以私藏、把玩来获得贪财的满足……

其实，富人之所以致富，绝非靠一己之力，乃是国家政策、社会环境、自然条件、家庭背景等多种因素促成的。从这个意义上说，富人的钱财是来源于社会的，并非个人凭空创造的。财富原本源于社会，使用财富的最好方式就是用之于社会。财富如果是水，也只有像水那样融入大海才不会干涸，才能更好地滋润万物。

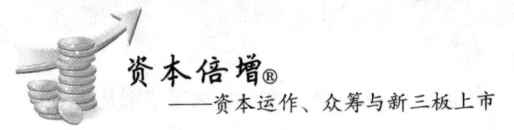

同样,企业的财富也源于社会,而且更强调企业要承担社会责任。市场经济最重要的道德基础就是"责任感",这种责任感源于企业对自己行为的一切后果负有责任。没有基于道德感基础之上的责任感,任何商业行为都会失去社会价值。因此,钱财用之有道,主要体现在有社会价值上。在满足自身发展之后,将更多的财富回馈社会,给更多的人提供帮助,才是真正的用之有道。

有人说,在"剩者为王"时代,要先剩下来,再持续发展,再为天下人做天下事。然而在资本经济时代,正确地对待财富,正当地追求财富,合理地使用财富,才是正确的资本思维,是我们应该做的事情。

第二章 资本思维：搞资本是乘法，做反了则是除法

成功者应遵循资本增值思维五大定律

要想知道什么是增值思维，先来读这样一个故事：

在鄂西北某山区有座狮子山，山上的石头奇形怪状，质地松软。当地农民用钢钎、锤子开凿下来，送到城里去能卖6元钱1吨的好价钱，一年每人可以收入1.5万元。

后来，农民们发现，城里人用这种石头垒成假山，1吨可以得工艺费七八十元，于是他们也学着垒假山，1吨石头的收益从6元提高到80元。

之后，他们又去北京考察，发现山上产的沙积石，1公斤竟能卖出好几元钱。眼界打开了，这些农民更加珍惜乡土资源，他们研制出"电子电声喷雾盆景"，每盆卖2600元。后来，这个山区的农民都富了起来。

山区农民的致富之路，就运用了自己的智慧，或者说是创造力。这就是一种资本增值思维。在实践中，资本增值思维有以下五大定律。无论是个人还是企业，要现实资本增值都离不开这五大定律，所以它具有普遍意义。

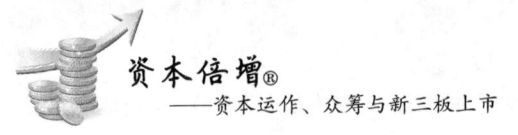

资本增值思维第一定律：你要做羊，还是做狼

在市场经济中，永远都是10%的人赚钱，90%的人赔钱，这是市场的铁律，不论是股市，还是开公司、办企业，都不会改变。

如果每个人都赚钱，那么谁赔钱，钱从何处来？天下人不可能都是富人，也不可能都是穷人。富人永远是少数，穷人永远是多数。可是，赚钱总有办法，就是去做10%的人，不做大多数人。

要想成为少数富人，就要转变观念，拥有富人的思维。有句话说得好："换个方向，你就是第一。"因为大多数人都是一个方向，千军万马都是一样的思维、一样的行为，这是群盲，就像羊群一样。"富人思来年，穷人思眼前"，因此在羊、狼之间其实仅有一念之差，这是资本增值思维的第一定律。

资本增值思维第二定律：金钱遍地都是，赚钱很容易

问苍茫大地，谁主财富？为什么他能赚钱，你不能赚钱。追根溯源，如果想赚钱，首先就要对钱有兴趣，对钱有正确的认识。

钱不是罪恶，而是价值的化身，是业绩的体现，是智慧的回报。这绝不是拜金主义，而是金钱运行的内在规律。如果你觉得赚钱很难，那么赚钱真的很难。可是，那些大富翁没有一个认为赚钱难的，反倒认为花钱太难。一定要记住：赚钱真的很容易，随便动动脑筋就能来钱。这可不是教你吹牛，这是赚钱的思想基础，不得不信。

正确认识钱，树立正确的金钱观念，是资本增值思维的第二

定律。

资本增值思维第三定律：最简单的方法最赚钱

虽说条条大路通罗马，可是，万法归一，"简单的才是最好的"。复杂的方法只能赚小钱，简单的方法才能赚大钱，而且方法越简单越赚大钱。比如，比尔·盖茨只做软件，就做到了世界首富；沃伦·巴菲特专做股票，很快就成为亿万富翁；乔治·索罗斯一心搞对冲基金，成为金融大鳄等。

每个行业都有赚大钱的方法：在商品零售业，沃尔玛始终坚持"天天平价"的理念，想方设法靠最低价取胜，最终成为零售业的世界老大；日本战败后，美国品质大师戴明博士应邀到日本给松下、索尼、本田等许多家企业讲课，他只讲了最简单的方法——"每天进步1%"，结果日本这些企业家照着做了，并取得了非常好的效果。

简单的方法赚大钱，复杂的方法赚小钱，这是资本增值思维的第三定律。

资本增值思维第四定律：赚大钱一定要有目标

年年岁岁花相似，赚钱方法各不同。可是有一点是相同的，就是要赚钱一定要有目标。成功的道路是由目标铺成的，没有目标的人是在为有目标的人完成目标。

要赚钱，就必须有赚钱的野心。野心是什么？野心就是目标，就是理想，就是梦想，就是企图，就是行动的动力！试看天下财富

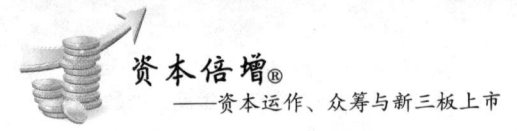

英雄,哪个不是野心家,比如洛克·菲勒、比尔·盖茨、孙正义等。

要赚钱,就一定要有目标,一定要有野心,没有财富野心,就没有财富!这是资本增值思维的第四定律。

资本增值思维第五定律:赚大钱一定要选择

风水轮流转,今天到你家。如今,金钱遍地都是,赚钱方法多如牛毛,可是,要赚大钱一定要选择。选择就是命运,选择就是财富。不选择你就会迷失,财富就会与你擦肩而过。

事实告诉我们,在市场多样化加速、越来越细分的时代,只有懂得选择,才能成功。比如,沃尔玛只选择做商品零售,可口可乐只卖饮料,肯德基、麦当劳只卖汉堡,日本的松下、索尼、三洋只做电器。

选择的目的就是实现专一和专注。我国许多知名大企业如今都在走多元化的路子。其实,多元化之路危机重重,很可能会失败,四通、飞龙、轻骑的失败就是例证。

要赚大钱,就一定要选择,专注才能带来财富,这是资本增值思维的第五定律。

第三章

资本战略：把控全局，实现资本倍增

　　企业制定资本战略，不仅要选择适应企业内外部环境的资本运作策略，还要分析竞争战略与资本结构的互动关系，融资方式与资本结构的相互关系，资本要素整合的竞争优势，创新融资战略管理要点，并把握资本运营的各个要素，制定资本运营战略，以利于资本战略的顺利实施并达到预期效果。

企业经营战略视角下的资本运作策略及选择

为了持续、稳定、健康发展,实现企业的经营目标,各企业都会通过对市场环境、宏观条件、本行业发展趋势和地区同行业的动态分析、研究,来确定本企业的经营目标和使命。

企业是资本的载体,资本是企业的血液。搞好资本运作,合理地筹措资本,有效地运用资本,不断地增加资本积累,提高资本运作的效率和效益,才能使企业充满活力。要实现企业的经营战略,必须使企业的资本放大、增值,在经济运行中处于较高层次,获得超额利润。从资本价值总额变动来看,资本运作一般有三种方式:①做加法,即实行跨地区、跨行业、跨所有制的联合,发展规模经济,取得规模效益;②做减法,即淘汰一批亏损企业,以及低水平、重复建设企业,为经济发展减亏解困;③做乘法,即走联合、并购、控股、参股之路,在启动存量资产、缩短建设周期、促进存量资产优化组合的同时,实现规模经济,取得规模效益。就企业自身的经营情况来看,企业资本运作主要有以下四种情况:

具有经营优势的企业的资本运作策略

优势企业一般都科技水平领先,市场占有率高,规模达省级、国家级,多元化经营效益可观,因此可以采用股票上市、控股扩张、收购兼并、跨国投资经营等方式实施资本运作,壮大生产规模。

1. 股票上市

企业通过公开发行股票募集社会闲散资本,是资本运作的高级形式,如果条件允许,企业都应积极争取运用这种方式。但需要说明的是,中国的企业现在都有"上市情结",认为只有上市了,企业才是成功的。

其实,一个效益好的企业,在选择经营模式的时候,要考虑它的利弊。每个企业都有一个客观合理的负债比例,如果这一比例不合理,就会造成负债资源的浪费。

当银行利率很低时,如果能够利用此融资渠道,定然可以最大限度地利用资源。对一个优秀的企业来说,如果负债经营、募集股份等都可以实现,就不一定要上市。对于优秀的企业来说,外部投资是给别人机会;而对于一个比较差的企业来说,外部投资就是融别人的钱。因此,要把机会留给自己。更实际的主要经营点应该是负债经营,找贷款。

2. 兼并上市

所谓兼并上市就是以购买、吸收、承担债务等方式并购弱势企业,继而上市。对于任何一个要实施并购行为的企业来说,都应该选择适当的并购策略,如此才能保证并购行为成功。

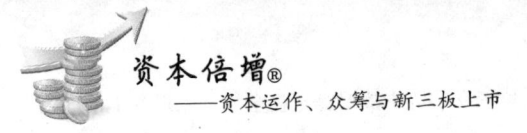

可是，并购的开展必须以企业整体发展战略为基础，不能忽视了并购的成本与风险，更不能盲目实施并购计划，否则就会出现"1＋1＜2"的负效应。

3. 跨国投资经营

如今，企业经营的国际化已成为一种趋势。过去，多数企业的国际化经营主要停留在直接出口、间接出口和补偿贸易等初级形式上，难以在国际市场取得竞争优势；而现在搞资本运作，优势企业可以更多地采用合资经营、独立经营、跨国并购、海外上市等国际化经营的高级形式，在海外投资办厂、设立公司；充分利用国外的资本和生产要素，从资本运作的高度营运国际资本，提高企业在国际市场的竞争力。

具有优势潜力的企业资本运作策略

这类企业虽达不到优势企业的条件，可是其产品适销对路，技术设备较好，可以采用参股联合的方式，利用外资嫁接改造一、二级市场产权转让、无形资产资本化等形式，把企业规模做大，增强实力。

1. 参股联合

企业法人通过共同出资参股，组建有限责任公司，或者在企业内部实行劳动合作与资本合作的有机组合，成立股份合作制企业。

2. 利用外资嫁接改造

吸引外商共办合资企业，既能够利用国外资本，又可以引入先进的技术和管理方法，走发展的捷径。

3. 二级市场产权转让

如果企业优而无势，一时不具备直接上市的条件，则可通过二级市场买壳上市或者向社会公开募集资本，实现规模扩张。此并购方式的优点是，上市公司通过投资控股方式可扩大资产规模，推动股本扩张，增加资金募集量；充分利用"壳资源"，可以有效地规避初始的上市程序和企业"包装过程"，节省时间，提高效率。

4. 无形资产资本化

目前，许多企业都已经认识到商誉、服务标准、商标、专利、专有技术、经营权等无形资产的重要性，以及管好和用活这些无形资产对于企业资本运作的重要作用。其实，除了优势企业利用品牌、技术等进行资本扩张外，优而无势企业也能够以营运无形资产为契机盘活资产、筹措资本。因为，无形资产具有强大的市场开拓力、文化内蓄力、信誉辐射力、资本扩张力和超常获利力。

经营处于劣势的企业资本运作策略

这类企业一般都资产状况不良、生产经营欠佳，可是，与优势企业一样，也可以通过资本运作解决经营中无法解决的难题，寻找企业的最佳经营模式。

劣势企业的资本运作不是"破产、逃债、人员下岗"的代名词，其完全可以充当资本运作的主体，利用租赁、托管、投靠联合、债务重组、转让闲置厂房和设备、房地产置换等形式摆脱困境。

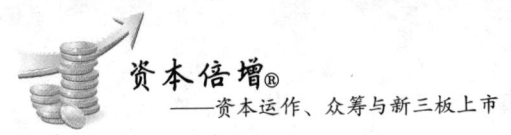

扭亏无望、严重资不抵债的企业资本运作策略

这类企业，可以采用拍卖出售、折细变现、破产重组等方式进行资本的运作。如果企业长期亏损、人员较多、缺乏发展创造能力，可以通过拍卖，将企业整体出售或折细变现出售；如果企业严重资不抵债、扭亏无望，则要依据《中华人民共和国企业破产法》实施破产处理。

上述资本运作众多形式归纳起来如下：

（1）资本集中，即凭借自己的优势，聚集资本，把现有的可以通过各种方式获取的资本最有效地利用起来，提高资本运作的规模和效益。

（2）资本分散，即采取精干主体、分离辅助、内部分立、分块搞活，实行空间转换等方式，以激活呆滞资本。

第三章 资本战略：把控全局，实现资本倍增

企业竞争战略与资本结构互动关系分析

企业战略的重要特性之一便是它的适应性，企业的战略应随着企业自身以及环境的变化而变化，而企业的资本结构优化应与企业战略相适应，即与企业的财务成长战略、产品市场竞争战略、资产重组战略相适应，其资本结构的调整也应是一个动态的过程。简言之，企业的资本结构与竞争战略存在一定的互动关系。

有关企业竞争战略的类型，哈佛商学院教授波特提出了差异化和成本领先两种战略。国内学者则在波特研究的基础上，提出了企业在构建市场竞争优势的过程中，有成本领先、标新立异和目标集聚三种竞争战略。下面，我们就依次分析一下这三种竞争战略与资本结构的互动关系。

成本领先战略与资本结构

企业的成本领先战略往往以大批量生产为基础，获取规模经济优势，以低成本、低价格的手段满足顾客需求。

企业执行成本领先战略，通常是依靠扩张生产规模实现的。如

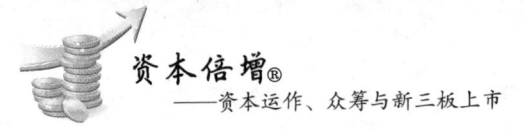

果企业增加债务能够使生产规模不断扩大，能够持续带来低成本，就会带来利润的大幅度提高。因此，在企业成本领先的战略下，财务的高杠杆也成了一项竞争优势因素。企业应有意识地调整资本结构，在资本结构中增加负债比例，使其与企业的竞争战略相匹配。

同时，由于企业实行成本领先战略，所拥有的存货、机器设备、房屋等有形资产较多，对资金提供者来说比较安全，因为他们更愿意接受以有形资产为抵押的借款条件。这样，就为企业增加负债带来了便利，为企业采用高杠杆的资本结构打下了基础。

对企业最优负债水平的选择，必须在增加负债和规模经济两者之间进行权衡。虽然在企业成本领先的战略下，财务的高杠杆是一种企业竞争优势因素，可是，通过增加债务的方式来实现规模的扩大，必须以规模经济为前提。如果超越了规模经济的界限，债务的增加反而会削弱企业的竞争优势。

标新立异战略与资本结构

企业的标新立异战略指的是通过不断地提高顾客的认知利益，以满足顾客个性化的需求为目标，来构建企业竞争优势。

企业在执行标新立异战略时，一般会从提高产品质量和改善服务这两方面来构建竞争优势。可是，产品质量和服务与资产负债率是呈反比例关系的，也即产品质量越高、服务越好，企业的资产负债率就越低。另外，如果企业想提高顾客的认知利益、满足其个性化需求，需要对企业独有的、难以被对手模仿的专有资产进行投资，如专有技术、企业形象、声誉等。而且，投资时，出于对风险的控制和经营灵活性的需求，企业会优先选择留存收益或权益融资，而不会选择负债投资。

当顾客所需的产品质量非常重要而又无法凭观察做出判断，或者产品将来需要售后服务，或者使用该产品后的转换成本很高时，为了能够继续享受企业的产品和服务，顾客就会选择低杠杆资本结构的企业，并且愿意为这种低杠杆的资本结构付出溢价。例如，当年华尔街在评价王安电脑公司时指出，业务人员面临的最大问题就是如何劝说顾客购买濒临破产的公司的产品。

通过以上分析可以看出，一方面，从企业和顾客两方面来考虑，标新立异战略都要求企业选择低杠杆的资本结构与之匹配；另一方面，专有技术、企业形象、声誉等专有资产在造就企业竞争优势的同时，也限制了企业的借款能力，使企业不能过多地负债。因此，企业在实行标新立异战略时，采用低杠杆的资本结构是最佳选择。

目标集聚战略与资本结构

企业的目标集聚战略分为集聚目标顾客战略和集聚目标需求战略。其中，集聚目标顾客战略指的是企业锁定目标顾客，尽可能满足其多方面的需求；集聚目标需求战略指的是企业锁定目标需求，向更多的顾客提供专业化的服务。

企业在执行集聚目标顾客战略时，往往是以满足目标顾客的某一项需求为主线，进而满足由该主线需求所引发的其他相关需求。例如，GE不仅提供发电设备，还向其客户提供发电厂的设计和设备安装工程服务；如果客户资金有困难，GE还提供金融支持服务。由

此可见，企业在执行这一战略时需要强大的资金作为后盾，而且这种资金最好由权益资本来提供。

另外，对顾客来讲，如果选择这样的产品或服务，就意味着在一定程度上被企业套牢与锁定，因而会非常审慎地选择与实力强大的供应商合作。因此，企业实行集聚目标顾客战略需要选择低杠杆的资本结构与之匹配。

企业在执行集聚目标需求战略时，往往需要通过专业化的运作，向顾客提供专业化的产品和服务。当企业在提供专业化产品和服务时，如果是以大规模的生产为基础的，就应该选择高杠杆的资本结构；如果是以专业化服务为基础的，就应该选择低杠杆的资本结构。

综上所述，企业资本结构与竞争战略是一种动态的互动关系，它们是相互影响、互为因果的。选择最佳资本结构时，不能忽视企业的竞争战略；同样，制定企业竞争战略时，一定要考虑企业的资本结构。

从战略视角考虑资本结构，可以解释企业在不同战略时期资本结构的差异问题。如果财务管理人员能够意识到这个问题，将有助于企业在资本结构和竞争战略的决策方面获取、保持和巩固自己的竞争优势，以更有效地参与市场竞争。

企业融资方式与资本结构的相互关系

企业融资活动是一个动态过程,表现为既定目标下的企业融资结构的选择。也就是说,企业融资行为合理与否必须通过融资结构来反映,合理的融资行为会形成一种优化的融资结构;不合理的融资行为,必然会导致融资结构失衡。

 什么是融资结构和资本结构

1. 融资结构

所谓融资结构是指企业在取得资金来源时,通过不同渠道筹措的资金的有机搭配,以及各种资金所占的比例。具体地说,是指企业所有的资金来源项目之间的比例关系,即自有资金(权益资金)和借入资金(负债)的构成态势,主要包括:短期负债、长期负债和所有者权益等项目之间的比例关系。

企业生产经营所处的阶段不同,对资金的数量需求和属性要求也就不同,这样就形成了不同的融资组合。对融资结构可以从不同的角度做进一步的划分:按资金来源不同,可以划分为内源融资和

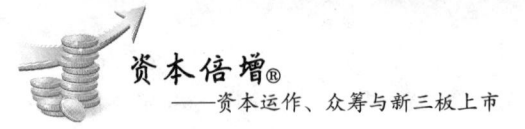

外源融资；按资金属性不同，可以分为债务融资和权益资本融资；按占用时间的长短，则可以分为长期融资和短期融资。

企业的融资结构不仅揭示了企业资产的产权归属和债务保证程度，还反映了企业融资风险的大小，即流动性大的负债所占比重越大，其偿债风险越大；反之，则偿债风险越小。从本质上说，融资结构是企业融资行为的结果。

企业融资是一个动态的过程，不同的行为必然导致不同的结果，形成不同的融资结构。合理的融资行为必然会形成优化的融资结构，融资行为的扭曲必然导致融资结构的失衡。

2. 资本结构

资本结构是指企业取得的长期资金的各项来源的组合及其相互关系。企业的长期资金来源一般包括所有者权益和长期负债，因此，资本结构主要是指这两者的组合和相互关系。企业的投资决策、融资决策都是围绕企业目标进行的。因此，衡量企业资本结构好坏的标准就是看它能否有助于企业目标的实现。

企业的目标是实现市场价值最大化。企业的市场价值，一般是由权益资本价值和债务价值组成的，其大小受预期收益和投资者的要求收益率的影响。其中，预期收益率通常与公司的息税前盈利有密切的关系，而息税前盈利则是由资产的组合、管理、生产、销售、经济状况等因素决定的。因此，增减企业的债务不会影响息税前盈利。也就是说，如果改变资本结构能够使企业的价值发生变化，那么其影响并不在企业的息税前盈利方面，而在资本成本方面。

融资结构与资本结构研究的内容和目的各有侧重。在现代企业融资活动中，为了实现企业市场价值最大化，通常会把资本结构作为研究的重点。通过对资本结构变动对企业的价值和总资本成本率影响的探讨，就形成了不同的资本结构理论。

由此可见，融资结构和资本结构结合运用，有助于识别举债来源的变化，综合分析企业的财务状况，为科学地制定融资决策提供依据。

融资方式与资本结构的相互关系

我国银行和金融机构一般都是由政府控制的，纯粹商业性的机构很少，而且对金融市场有严格的管制，所以非金融性公司与金融机构的联系并不紧密，在业务往来中必然会产生较大的交易成本。这样，也就造成了公司长期负债特别是债券的发行困难。

一般来讲，负债构成中短期债务要高于长期债务；筹资方式也就较多地依赖于新股发行。从我国目前的增量调整渠道来看，资金主要有三类：自有资金、债务性资金和主权性资金。

我国企业筹资与西方企业有截然不同的次序，是按照股票、债券、自有资金的次序来安排的。主要原因就在于：首先，我国的国有企业效率普遍低下，几乎不可能靠自有资金来筹资；其次，我国企业债务本已处于高风险区，如果再通过此渠道筹资，就会使资本结构更加恶化；最后，只有主权性资本筹资方式最适合我国"优化资本结构"的现状。

资本经营的最终目的在于企业的财务目标，从资本结构角度来看企业的融资决策，有利于企业进一步做出合理的融资决策，因而更有利于企业的进一步发展。破产成本、代理成本的提出使企业在进行融资决策时要综合考虑多方面因素，需要充分运用财务杠杆的作用，做出有利于企业资本结构和企业发展的决策。

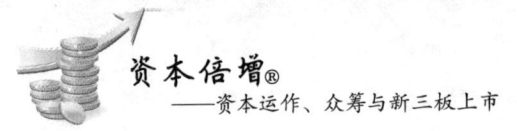

企业资本要素整合的竞争优势分析

竞争优势是一个企业长期维持良好经营业绩的基础，是企业做大、做强、做持久的根本。企业不仅希望获得一时的竞争优势，而且希望能够获得持久的竞争优势。

那么，如何获取竞争优势？持久的竞争优势从何而来？对此，中外学者从不同角度进行过探讨。那么，影响企业获得竞争优势的资本要素有哪些？对此问题的研究不仅具有理论价值，而且具有实际意义。

企业资本要素的内涵及其相互关系

企业的资本主要包括以下内容：

1. 物质资本

物质资本又可以称作"现实资本"，是指现有物质产品上的资本，包括：厂房、机器、设备、原材料、土地、货币和其他有价证券等。

物质资本具有客观性、即期性、易衡量性和高交易效率等特点。

其中，物质资本的客观性，包括物质资本存在的客观性和物质资本价值的客观性。前者是指物质资本要么有、要么没有的特性，它不会随当事人的主观意志而改变；后者是指客观存在的物质资本所带来的使用价值，在特定条件下是一定的，不会随当事人的主观意志而变化。

2. 人力资本

人力资本是一种与物质资本相对应的资本形态，是一种投资产物。其以一定的知识存量（知识、技术、信息）为物质内容，通过人的一定的技能和能力表现出来，具有不可视性、难以度量性、私有性等特征。

企业人力资本主要包括：一般型人力资本、技能型人力资本、管理型人力资本和企业家型人力资本。人力资本比物质、货币等硬资本具有更大的增值空间，特别是在当今社会，人力资本更具增值的潜力。

3. 社会资本

社会资本是能够促进社会行为者之间合作的一种生产性的资源，能够给个体带来一定的收益。其中，网络、关系、信任、规范是社会资本的核心构成要素。

4. 文化资本

文化资本是指由企业价值观、信念、行为规范和模式以及文化的物质载体所构成的资本，是以财富形式表现出来的文化价值的积累。

文化资本根植于企业体内，融于企业的理念和管理模式之中，共分为三个层次：表层指员工的精神面貌、着装、公司的形象等外

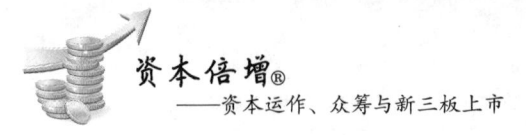

在的、能够使全体员工产生自豪感和积极向上精神的器物资本；中层是指支撑企业有效运行的制度资本，如公司完善的制度、高效的管理机制等；核心层是指企业以及全体员工的核心价值观、历史使命感等深层次的核心驱动力所形成的资本。

文化资本会对组织达成共识的难易程度、气氛和凝聚力造成直接影响，而这些又是影响组织的战略制定与实施、组织结构正常运行和其有效性得以发挥的重要潜在因素。

现代企业，既是人、财、物、技术、信息要素选择和组合的结果，更是上述四项资本运动的结果。在这四项资本运动中，物质资本固然重要，可是，人力资本最为关键，而社会资本与文化资本互动融合，更为物质资本和人力资本效能的发挥提供了平台。在现实的经济活动中，物质资本、人力资本、社会资本和文化资本相互联系，互为因果，相辅相成，相互促进，相互转化。

企业资本要素对竞争优势的作用分析

企业资本要素对竞争优势有一定的作用，具体来说，主要体现在以下四个方面：

1. 企业物质资本对竞争优势的作用

物质资本即资本品，是经人类劳动制造出来的中间产品，一般是有形资本，主要包括：实物资源，如原材料、机器设备、厂房；财务资源，如现金流与金融机构（银行）关系。

物质资本积累（资本形成）的多寡，直接关系着企业当期产出率的高低和未来生产能力的大小。一旦形成了企业产品的市场竞争力、企业技术竞争力、企业规模经济竞争力等，企业就可以优先得到资源或消费者，并能准确地察觉出消费者需求的变化，为企业提供进入市场广度的能力。

2. 企业人力资本对竞争优势的作用

所谓人力资本是指通过对人的劳动力进行投资而凝结在人身上的，能够带来更大收益的知识、技术和管理能力的总和。这是一种兼具资本和劳动特征的资源，凭借其在价值创造中的主体性、稀缺性和独特的价值功能，成为企业的核心资源，决定着企业的发展。

企业的人力资本包括：知识型人力资本、技术型人力资本、管理型人力资本。其中，人力资本的特征是企业核心竞争力特征的基础，人力资本的特性是核心竞争力体系构成要素的源泉。

3. 企业社会资本对竞争优势的作用

企业社会资本是企业所拥有的最重要的一种资本形式，能够促进企业内外合作，具有价值性、稀缺性、难以模仿和不能完全替代性等特征。

社会资本的存在，促进了企业间在关系网络中的合作，有益于合作网络中的每个成员。企业社会资本可以增强企业内外部的集体行为，有利于企业跨部门合作，提高团队工作效率；能够促进企业内外部知识、信息和其他资源的流动，降低交易成本，提高资源配置效率；能够促进组织间的合作和学习，促进企业知识的积累，促进企业的创新。这些效果都会增强企业的扩张力和拓展力等核心竞争力，提升企业的竞争优势，有力地促进企业的成长。

4. 企业文化资本对竞争优势的作用

现代企业竞争的胜败不仅取决于价格、质量和规模，还取决

于文化力。对企业来说，文化是企业发展的人文底色，是一种"黏合剂"，能够涵盖各方利益，强化成员行为的协调性和连续性，保护相互之间的信任免受干扰和破坏，是维护组织稳定的重要基础。

企业文化是形成组织效能的共同认知系统，是企业全体员工所认同和分享的价值观和典范，影响着企业的每个员工。良好的企业文化是管理制度的升华，在企业管理中起着导向、凝聚和规范等作用，是企业发展的催化剂和纽带。

企业资本整合与竞争优势获取的途径

企业进行资本整合与获取竞争优势，主要有这样几条途径：

1. 平衡不同资本要素的关系

企业物质资本、人力资本、社会资本、文化资本等既相互联系，又各具特征，在形成企业竞争优势方面发挥着独特的作用。因此，首先，要重视不同资本之间的相互影响，平衡不同资本力量的投资结构，加强对各种资本要素的管理，使他们得到共同发展；其次，不同资本要素之间存在层次性和不同的维度，因此不仅要使每一种资本力量在纵向层次得到发展，还要让其在横向上得到发展。既要关注他们之间的合作和关联性，又要关注资本集合中的"短板"，并采取有效的措施加以改进。

2. 加强对企业资本要素的投入，优化资本投资结构

企业物质资本、人力资本、社会资本、文化资本能力的获取是投入—产出的结果，各种资本投资必须有适当的比例，要在平衡的

前提下有所侧重，如此才能最大限度地优化经济生产，过分强调其中任何一方都会损失效率。

首先，企业的人力资本投资主要在于：优化企业的人力资源结构，提高人力资源素质，不断提高人力资源效率，从人力资源方面培植企业的核心竞争力，强化企业竞争优势。

其次，企业文化资本投资重在思想意识的重塑，比如通过各种培训、教育和有关文体活动来建立文化思维秩序和规范、设计企业形象等，形成组织的主导价值观；通过领导风格、领导的集中关注度等，形成组织的日常观念。

最后，企业社会资本投资重在建立基于信任、互动、网络基础上的企业声誉激励机制、企业社会资本的生成机制、企业社会资本的建构性机制；改革组织结构，强化内部网络，有序地去构建企业的社会网络，将既有资源转化为能为企业目标服务的社会资本。

3. 加强对企业资本的管理

企业物质资本、人力资本、社会资本、文化资本在形成企业竞争优势方面都具有重要的作用。目前，关于企业物质资本的管理相对成熟，如财务会计、设备管理、生产运营、物流与供应链管理等；对人力资本管理备受重视，可是对社会资本和文化资本管理相对薄弱，因此，应在树立人本理念的基础上，以人力资本为主，结合物质资本的管理理念创新、管理方式创新、管理制度创新和治理模式创新。那么，如何才能做到这一点呢？

首先，管理理念要从以物为中心转向以人为中心，管理方式要适应知识经济时代企业管理的需要，管理制度要强化对人力资本所有者的制度激励。

其次，要重视企业文化的资本管理，重塑企业文化理念，构建

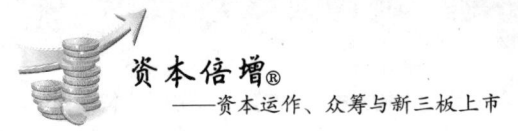

理性文化、诚信文化、创新文化和互惠合作型文化，培育企业精神，增强企业文化竞争力。

最后，加强企业社会资本管理，重视各个层次社会资本的维护，调整社会资本在结构、关系和认知方面的发展策略，不断积累社会资本。

企业创新融资战略管理要点解析

当前，我国已有不少的中小企业，它们在我国的经济发展中发挥了重要的作用。可是，很多中小企业却面临着一个重大的难题，就是融资问题。

据调查显示，我国的中小企业短时间内贷款缺口比较大，长期贷款又没有结果。在此形势下，迫切需要企业外部有利的政策和企业内部有效的战略管理来解决中小企业融资困难的问题。中国企业创新融资战略管理有如下要点，现在我们对其进行解析。

无形资产资本化战略管理

企业进行资本运营，不仅要重视有形资产，还要妥善地对企业的无形资产进行价值化、资本化运作。一般来说，名牌优势企业利用无形资产进行资本化战略管理的主要方式是以名牌为龙头发展企业集团，依靠一批名牌产品和企业集团的规模联动，覆盖市场。

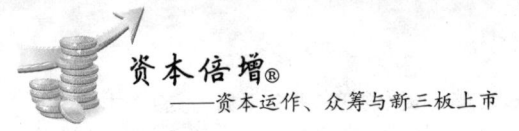

特许经营融资战略管理

如今,特许经营的意义不仅已经超越了这一特殊的投资方式本身,还对人们的经济和文化生活产生了重大影响。

特许经营的实质是在常见的资本纽带之外又加上一条契约纽带。特许人和受许人保持各自的独立性,经特许合作共同获利。如此,特许人可以以较少的投资获得较大的市场;受许人则可以低成本地参与分享他人的投资,尤其是无形资产带来的利益。

交钥匙工程战略管理

交钥匙工程是指跨国公司为东道国建造工厂或其他工程项目,当设计与建造完成并初步运转后,将该工厂或工程项目的所有权和战略管理权的"钥匙",依照合同完整地"交"给对方,由对方开始经营。

交钥匙工程是在发达国家的跨国公司向发展中国家投资受阻后发展起来的一种非股权投资方式。另外,当它们拥有某种市场所需的尖端技术,希望能快速地大面积覆盖市场,所能使用的资本等要素又不足时,也会采用这种方式。

回购式契约战略管理

国际回购式契约经营,实质上是技术授权、国外投资、委托加工，以及目前仍颇为流行的补偿贸易的综合体，也被称为"补偿投资额"或"对等投资"。

这种经济合作方式，一般说来是发达国家的跨国公司向发展中国家的企业输出整厂设备或有专利权的制造技术。跨国公司得到该企业投产后所生产的适当比例的产品，作为付款方式。投资者也可以从生产中获得多种利益，如提供机器、设备、零部件和其他产品。

BOT 融资战略管理

BOT（建设—运营—移交）是一种比较新的契约型直接投资方式。

BOT 中的移交，是 BOT 投资方式与其他投资方式相区别的关键所在。契约式或契约加股权式的合营是指在经营期满以前，投资方通过固定资产折旧和分利方式收回投资。契约中规定，合营期满，该企业全部财产无条件归东道国所有，不另行清算。而在股权合资经营的 BOT 方式中，经营期满后，原有企业需要有条件地移交给东道国，具体条件则由参与各方在合资前期谈判中商定。独资经营的移交也采用这种有条件的移交。

项目融资战略管理

项目融资战略管理是为某一特定工程项目而发放的一种国际中长期贷款，项目贷款的主要担保是该工程项目预期的经济收益和其他参与人对工程修建、不能营运、收益不足和还债等风险所承担的义务，而不是主办单位的财力与信誉。

项目融资战略管理主要有以下两种类型：

（1）无追索权项目融资战略管理，贷款人的风险很大，一般较少采用。

（2）目前，国际上普遍采用的有追索权的项目融资战略管理，即贷款人除依赖项目收益作为偿债来源，并可以在项目单位的资产上设定担保物权外，还要与项目完工有利害关系的第三方当事人提供各种担保。各担保人对项目债务所负责任，以各自所提供的担保金额或按有关协议所承担的义务为限。

 DEG 融资战略管理

德国投资与开发有限公司（DEG）是一家直属于德国联邦政府的金融机构，其主要目标是为亚洲、非洲和拉丁美洲的发展中国家和中、东欧的体制转型国家的私营经济的发展提供帮助。DEG 的投资项目必须是可盈利的，符合环保的要求，属于非政治敏感性行业，并能为该国的发展产生积极的影响。

 申请世界银行 IFC 无担保抵押融资战略管理

世界银行国际金融公司（IFC），采用商业银行的国际惯例进行操作，投资于有稳定经济回报的具体项目。现在主要通过三种方式开展工作，即向企业提供项目融资，帮助发展中国家的企业在国际金融市场上筹集资金，向企业和政府提供咨询和技术援助。

IFC 是通过有限追索权项目融资的方式，帮助项目融通资金，主要通过与外国投资者直接进行项目合作、协助进行项目设计和帮助筹资来促进外国在华投资。

融资租赁战略管理

所谓融资租赁是指出租人根据承租人的请求和提供的规格,与第三方(供货商)订立一份供货合同。出租人按照承租人在与其利益有关的范围内所同意的条款,取得工厂、资本货物或其他设备(以下简称设备);同时,出租人与承租人订立一份租赁合同,以承租人支付租金为条件授予承租人使用设备的权利。

融资租赁集融资融物于一身,是一种采用融物形式的融资方式,具有浓厚的金融业务色彩,因而被看作一项与设备有关的贷款业务。

成立财务公司战略管理

根据我国现行金融政策法规,有实力的企业可以组建财务公司。企业集团财务公司作为一种非银行金融机构,可以发起成立商业银行和有关证券投资基金、产业投资基金。申请设立财务公司,申请人必须是具备一系列具体条件的企业集团。

财务公司可以经营吸收成员单位的本币存款和外币存款,经批准发行财务公司债券,对成员单位发放本币存款和外币贷款,对成员单位产品的购买者提供买方信贷等,中国人民银行根据财务公司的具体条件,决定和批准业务。

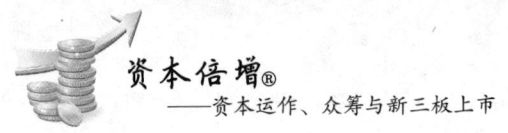

产业投资基金战略管理

投资基金是现在市场经济中一种重要的融资方式,最早产生于英国,发展于美国。目前,全球基金市场总值达 3 万亿美元,与全球商品贸易总额相当。

自 20 世纪 90 年代以来,利用境外投资基金已成为我国利用外资的一种新的有效手段。投资基金的流通方式主要有两种:①由基金本身随时赎回(封闭型基金);②在二级市场上竞价转让(开放型基金)。

资产证券化融资战略管理

资产证券化是传统融资方法以外的最新的现代化融资工具,不仅能有效地保护国家对国有企业和基础设施所有权利益,保持企业的稳定发展,还能够解决国有大中型企业在战略管理体制改革中面临的资金需求和所有制形式之间的矛盾。

资产证券化,不仅能将流动性差的资产转变为流动性高的现金,还可以将未来预期的资产收益转变为当前实现的现金收入,而且可通过资产负债表外融资改善企业的资产负债结构。

第三章 资本战略：把控全局，实现资本倍增

企业资本运营战略要素与战略制定

所谓资本运营战略是指资本所有者或经营者将投入生产经营活动中的资本与其他生产要素结合起来，优化配置，进行有效运营，实现理想的盈利和价值增值。其中，把握资本运营的各个要素，制定适应企业内外部环境的资本运营战略，是顺利实施资本运营并收到预期效果的重要前提。

 资本运营战略的要素

企业资本运营战略通常包括以下几个要素：

1. 战略宗旨

战略宗旨贯穿于企业资本运营的全过程，不仅是规划企业资本运营活动的基本指导思想和方针，还是整个战略体系的灵魂和核心。

2. 战略目标

战略目标是企业在一定时期内从事资本运营活动的总任务，具体指的是人们按照宗旨确定方向，根据对资本运营主观、客观条件

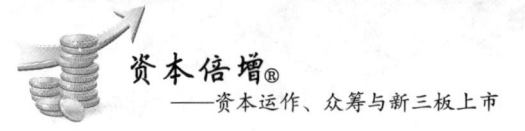

所做的分析，结合企业总体战略的要求，确定企业在战略期内的总要求和总水平。

3. 战略重点

战略重点主要是指企业在从事资本运营活动中，对资本运营效益影响最大的、决定资本运营战略目标能否顺利实现的那些动作项目，战略重点表明了资金、劳动力和技术投入的方向。

确定资本运营战略重点的时候，必须在科学分析主客观条件的基础上有针对性地加以选择。同时，还要做好两方面的工作：一是详细分析资本运营的战略目标；二是寻找资本运营回报率高的项目和业务等。

资本运营战略是一个由多种要素构成的复杂系统，这些要素之间相互制约、相互影响，所以对任何一项要素都要认真把握，不能出现错误。

资本运营战略的制定

资本运营战略既是实施资本运营战略管理的基础和首要环节，也是企业从事资本运营活动的先决条件。那么，如何来制定资本运营战略呢？

1. 资本运营战略制定的依据

首先，研究战略时机。制定资本运营战略，必须选择合适的时机。只有在适当的时机推出的战略，才能真正起到全局性、总体性的指导作用，发挥资本运营战略应有的功能；反之，如果时机不成熟，企业就匆忙推出新的战略，必然要失败。

其次，分析战略态势。资本运营战略态势是指在企业资本运营战略中，企业的内部条件与外部环境相互对比所形成的一种趋势架构。同时，也说明了企业在对待环境变化过程中应采取行动的姿态。

最后，战略执行前景预测。在制定资本运营战略时，企业必须事先预测战略执行的前景。通过对战略执行前景的预测，可以更加合理地规划战略执行预算，提高资本运用的效果，避免过多的资本损失和浪费。

资本运营战略前景预测的重点包括：战略执行的结果，战略执行过程中可能遇到的意外情况，战略执行的费用等。

2. 资本运营战略制定的程序

制定资本运营战略的过程，大致分为以下几个阶段：

阶 段	说 明
对企业的战略条件进行分析	分析战略条件，主要包括企业外部环境的分析和企业内部条件的分析。其中，外部环境分析主要包括国家总体经济状况分析、国家经济政策尤其是货币金融政策、投资政策、产业政策的分析和行业分析；企业内部条件分析主要是分析企业资源的优势与劣势，认清企业自身的实力。
确定战略目标	资本运营战略的目标是实现资本收益的最大化。只要围绕这个目标，确定企业的产业目标、产品目标、技术目标和市场目标等。
制定战略方案	根据战略目标的要求，拟定多个方案。在整体优化的基础上，选择能够保证实现战略目标的方案。
实施和修正战略	将战略方案具体化，建立实现战略的组织结构，确保实现战略所必需的活动能有效地进行。同时，还要根据外部环境的变化，对企业战略进行修正，保证战略的正确性。

第四章

投资战略：投资资本"蓝海"，把握战略方向

企业投资资本"蓝海"，不仅要厘清企业投资战略与企业总体战略的关系，围绕企业总体战略进行投资，还要全面分析影响企业投资战略的各种因素，选择恰当的企业投资战略，以保证投资活动的顺利进行；更要建立企业投资战略风险辨识系统，防范企业的财务风险。

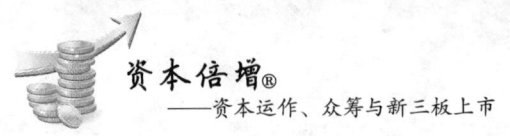

企业投资战略的含义、特点与目标

所谓企业投资战略是指根据企业总体经营战略要求,为维持和扩大生产经营规模,对有关投资活动所做的全局性谋划。这是一种将有限的企业投资资金,根据企业战略目标评价、比较、选择投资方案或项目,获取最佳的投资效果所做的选择。

企业投资战略是企业总体战略中较高层次的综合性子战略,是经营战略的实用化和货币表现,还会对其他分战略产生重要影响。

企业投资战略的含义和特点

企业投资战略的含义包括拟定和评价能够实现企业目标和使命的各种方案,并最终选定将要实现的方案。

企业战略可以分为三个重要的层次:企业总体战略、事业层战略和职能战略。其中,企业总体战略又称为经营战略,是对企业整体经营的方向、原则、方针所做的规定,通常以书面形式表现出来;事业层战略又称为竞争战略、业务层次战略或 SBU 战略;而职能战略是企业研究开发、生产作业、市场营销、财务管理和人力资源管理等主要职能部门的短期战略计划。

总体上看,企业投资战略共有以下三个显著特点:

(1) 企业投资战略服从于企业的总体战略。

(2) 企业投资战略要受到经营单位战略和职能战略的制约和影响。

(3) 企业投资战略决定着资源配置的方向。

企业投资战略的目标

企业投资战略的目标是企业价值最大化。所谓企业价值最大化就是在考虑资金的时间价值和风险的情况下,通过企业合理的经营、最优的财务决策,使企业市场价值达到最大。

与利润最大化比较起来,企业价值最大化这一目标具有以下特点:

1. 充分考虑了资金的时间价值

企业价值最大化分析是一种动态分析,充分考虑了资金的时间价值。对公司价值的评判是以未来每股收益的现值之和来计算的,而未来每股收益的贴现都直接与贴现因子即货币的时间价值有密切的关系。从这个意义上来说,投资者对企业未来收益的预期促使企业注重长期获利能力的生成,有利于克服企业行为短期化倾向。

2. 包含了一定的风险因素

企业价值最大化分析中包含了风险因素。在企业现值的计算中,折现率的选取本身就充分考虑了风险因素。在资本市场上,投资者对回报率的要求与风险程度是相对应的,要求的回报率越高,风险就越大,进而采用的折现率也就越大,导致在其他条件既定时企业

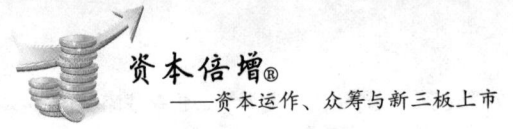

价值越小。

3. 能较好地综合其他目标

企业价值最大化的目标能较好地综合销售收入最大化、增长最大化和市场份额最大化等目标。

第四章 投资战略：投资资本"蓝海"，把握战略方向

企业投资战略与企业总体战略的关系

企业战略是一个复杂的系统，可以分为不同的层次。一般来说，企业战略主要包括两个层次：一是企业总体战略（公司级战略）；二是企业职能战略。在实行事业部制的企业里，企业战略还包括事业部战略。

各层次战略不仅可以充分调动企业内部的一切资源优势，还能够把计划、组织、领导、协调和控制等各种管理功能综合运用起来，发挥企业的总体优势，实现企业的战略目标。

企业总体战略是企业战略的总纲

企业总体战略是企业战略的总纲，是企业最高管理层指导和控制企业的一切行为的最高行动纲领。主要内容包括企业战略决策的一系列最基本因素，主要强调以下两个方面：

（1）我们应该做什么业务。即确定企业的性质和宗旨，确定企业活动的范围和重点。这些因素不仅决定着企业的经营状况，还决定着企业在外部市场环境中的地位。

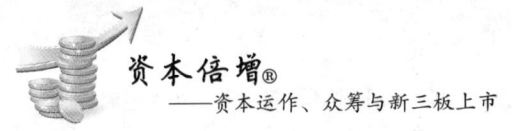

（2）我们如何发展这些业务。即以最有利于提高企业整体绩效为配置资源的依据。

企业职能战略是为贯彻、实施和支持企业总体战略而在企业特定的职能管理领域制定的战略。企业职能与总体战略的关系是从属关系，换言之，职能战略是总体战略的组成部分，是从属于总体战略的。

职能战略是由一系列详细的方案计划构成的，涉及企业经营管理的所有领域，一般包括：研究与开发战略、生产战略、营销战略与人力资源开发战略等。

企业投资战略必须围绕企业总体战略展开

企业投资是资源配置的机制和实现形式，企业投资战略就是在总体战略的指导下，通过对各项条件的分析和对未来情况的预测所做出的资源组合和运用方案。

企业投资战略也是一种职能战略。作为一种职能战略，投资战略的基本出发点必须站在企业全局的立场上，必须在企业总体战略之下展开，为企业总体战略提供服务。企业投资战略在企业战略体系中占有异常重要的地位，在企业明确了自己的性质和宗旨后，通过对企业资源的合理组合运用，决定企业如何发展这些业务。

企业投资既是企业实际资本形成的经济运行过程，也是资本或投资品的耗费过程。企业的投资离不开企业的资本结构，而资本结构应该处理好资本产业结构、资本空间结构、资本时间结构、资本风险结构等问题。

总之，企业投资战略是总体战略的一个构成要素，直接决定着未来的投资思路、投资方向和投资规模。

第四章 投资战略：投资资本"蓝海"，把握战略方向

企业投资战略的影响因素与投资战略选择

对影响企业投资战略的各种因素进行全面分析，选择恰当的企业投资战略，保证投资活动的顺利进行，是企业家的首要任务。

 企业投资战略的影响因素和分析

企业投资是一项全方位的、异常复杂的经济活动，主要体现在以下两个方面：一是投资项目目标的实现要受多种因素的影响和制约；二是投资效果可能体现在多个方面，如技术效果、经济效果、社会和环境效果等。

在我国，目前影响企业选择投资战略的因素基本上可以归结为以下五项：

（1）国家的经济形势、经济政策和企业投资自主权的大小。

（2）企业所属行业或即将进入的行业技术结构、技术水平和竞争结构差异和平均利润率水平。

（3）企业自身的生产经营情况和企业素质。

（4）市场需求状况和企业开发市场的能力。

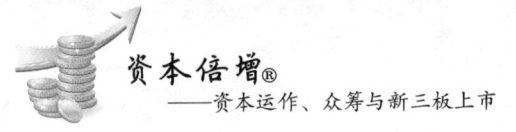

（5）企业筹集和调配资源的能力。

为了保障投资战略获得最大化的收益，企业在实施投资战略前需要进行一番分析。通常企业实施投资战略时，需要做以下三方面的分析：

1. 宏观环境分析

宏观环境是对所有企业都产生不同影响的共同环境因素进行分析，主要有经济环境、政策与法律环境、社会与文化环境、科学技术环境和人口环境等。由于宏观环境过于复杂且不可控，企业不可能也没有必要对宏观环境进行全面、系统、深入的分析，可是，要重点关注对本企业影响重大的几项环境因素，如制造业企业应关注生产技术发展，服务类企业应关注人口就业水平、收入水平和文化差别等。

2. 行业环境分析

行业环境对企业投资战略选择有直接的影响，波特经典的五种力量分析模型认为，企业的行业环境由买方、供应商、潜在进入者、替代品和行业中的竞争对手所决定，企业需要分析产品对顾客是否有吸引力？替代程度如何？供应商的数量、规模和实力怎样？行业内最强和最弱的企业，以及潜在进入者是谁……之后，对行业的竞争程度和在行业平均利润率之上的盈利前景做出正确判断。

3. 金融环境分析

在市场经济条件下，筹资、投资和运用资金都需要借助金融环境，企业必须利用各种筹资渠道、方式和投资机会，避开或减少它们可能产生的风险，实现资金均衡、有效的流动。在投资战略决策的过程中，必须根据自身的特点，选择投资方向、发展业务，进而有效配置资源，促进企业整体战略效益。

企业投资战略的选择

企业的投资战略有四种，其中最基本的战略是发展型投资战略和稳定型投资战略。

1. 投资战略类型的选择

企业可以选择的投资战略主要有以下四种类型：

类　型	说　明
发展型投资战略	在国民经济高速发展的时期和企业经营状况良好的情况下，推行这一战略会收到良好的效果。这一战略的特点是：增加对企业设备、原材料、人力资源等的投资，扩大企业生产规模，提高产品市场占有率。
稳定型投资战略	这种战略的特点是：在投资方向上不再将本企业的老产品作为重点，不用追加设备投资；努力寻找新的投资机会，尽可能地保持市场占有率，降低成本，改善企业的现金流量，尽可能地获取现有产品的利润。推行这一战略的要点是，决策者要切实把握企业的优劣势，选择新产品作为投资对象。
退却型投资战略	这种退却型战略是企业家最不愿意采用且最可能扭转败局的战略。其特点是：从原先经营领域撤出资金，减少产量，削减研究和销售人员。采用这种战略的关键是，把握时机，以退为进，不要错过良机。
混合性投资战略	企业在一个时期内，可以同时采取稳定、扩张、紧缩战略，三管齐下，全面出击。使用这种战略的时候，需要在不同阶段、不同经营领域，采用不同的投资战略。

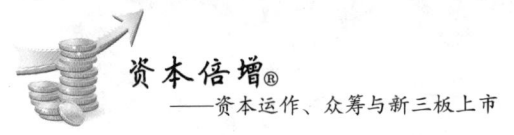

2. 投资时机的选择

成功的企业投资，一般都是将多种产品分布在寿命周期的不同阶段进行组合。选择投资时机的时候，主要有以下四种模式：

模　式	说　明
投资侧重于导入期产品，兼顾成长期和成熟期	这种模式颇具开发实力、创新意识强，是一种为获得领先地位而勇于承担风险的投资策略。
投资侧重于成长期和成熟期，几乎放弃导入期和衰退期	这是一种重视盈利而回避风险的投资策略。如果企业实力不足而力求稳妥快速盈利，就可以采用这种模式。
投资均衡分布于4个阶段	这是一种企业总体利益最大的策略。如果企业综合实力极强而且跨行业生产多种产品，就可以选择这种模式，是谋求选择多角化经营战略。
投资侧重于导入期和成长期而放弃成熟期、衰退期	这种类型多见于开发能力强而生产能力弱的企业。

不同的企业，可以根据自身特点和经营总战略，选择上述四种投资组合之一或某一模式的变形。

3. 投资规模的选择

投资规模选择包括两层意思：单个投资项目的规模选择和企业总体投资规模的确定。其中，物质技术条件决定企业能够达到的规模；社会需要决定投资项目需要达到的规模；经济效益决定投资项目实际达到的规模。

第四章　投资战略：投资资本"蓝海"，把握战略方向

企业投资战略风险辨识系统的建立

有效防范企业财务风险，化解财务风险，实现财务管理目标，是企业财务管理的工作重点。要对企业的财务风险进行防范，首先必须准确、及时地辨识企业的财务风险。

企业财务风险的辨识，通常可以采用以下几种方法。

用阿尔曼模型建立预警系统

这种方法是由美国纽约大学的教授爱德华·阿尔曼在20世纪60年代提出来的，这是一种基于多元判别模型的财务预警系统。

阿尔曼利用逐步多元鉴别分析法，逐步提取出了五种最具共同预测能力的财务比率，建立起了一个类似回归方程的Z计分法模型：

$Z = 0.012X1 + 0.014X2 + 0.033X3 \times 0.006X4 + 0.999X5$

其中，X1表示营运资金或资产总额；X2表示留存收益或资产总额；X3表示息税前利润或资产总额；X4则表示普通股和优先股的市场价值总额或负债账面价值总额；X5表示销售收入或总资产。

该模型实际上是通过五个变量（五种财务比率）将反映企业偿

债能力指标、获利能力指标和营运能力指标用一个多元的线性函数公式有机地联系起来，对企业财务风险的可能性进行综合评价。阿尔曼认为，如果 Z 值小于或等于 1.81，则企业存在很大的财务风险；如果 Z 值在 1.81~2.99 的灰色区域，企业财务状况不明朗；如果 Z 值大于 3，说明企业的财务状况良好，财务风险发生的可能性很小。阿尔曼还提出，Z 值等于 1.81 是判断企业破产的临界值。

利用单个财务风险指标趋势的恶化来进行预测和监控

通常，按照财务比率指标的性质和综合反映企业财务状况能力的大小，预警企业财务风险的比率主要有以下几种：

1. 现金债务总额比

现金债务总额比等于经营现金净流量除以负债总额。这个比率越高，企业承担债务的能力就越强。公式为：

$$现金债务总额比 = 经营现金净流量 \div 负债总额$$

2. 流动比率

所谓流动比率等于流动资产与流动负债比。一般认为，流动比率应该在 2 以上，最低不能低于 1。影响流动比率的主要因素有：营业周期、流动资产中的应收账款数额和存货的周转速度等。

3. 资产净利率

资产净利率等于净利润除以资产总额，公式为：

$$资产净利率 = 净利润 \div 资产总额$$

该指标越高，资产的利用效率就越好，也说明企业在增加收入和节约使用资金等方面取得了良好的效果；否则反之。

同时，资产净利率还是一个综合指标。企业的资产是由投资人投入或举债形成的，净利的多少与企业资产的多少、资产的结构和经营管理水平有密切联系。影响资产净利率高低的因素主要有：产品的价格、单位成本的高低、产品产量和销售数量，以及资金占用量等。

4. 资产负债率

资产负债率是负债总额与资产总额之比，公式为：

$$资产负债率 = 负债总额 \div 资产总额$$

资产负债率不仅可以衡量企业利用负债进行经营活动的能力，还能反映企业对债权人投入资本的保障程度。在通常情况下，该比率应以低为好，企业经营前景较为乐观时，可以适当提高资产负债率，获取负债经营带来的收益；如果企业前景不佳，则应降低资产负债率，降低财务风险。

5. 资产安全率

资产安全率是资产变现率与资产负债率之差，公式为：

$$资产安全率 = 资产变现率 - 资产负债率$$

其中，资产变现率是预计资产变现金额与资产账面价值之比，主要用来衡量企业总资产变现偿还债务后剩余系数的大小。系数越大，资产越安全，财务风险越小；否则反之。

企业可以应用比较、比率分析法来考察其自身历年以来财务比率指标的变化趋势，并借鉴行业指标的平均值与先进企业的指标值来判断财务状况的好坏，从而有效地规避风险、控制风险、延缓危机，甚至杜绝危机。

编制现金流量预算

编制企业现金流量预算,是财务管理工作中特别重要的一个环节。由于企业理财的对象是现金及其流动,就短期来说,企业能否维持下去,并不完全取决于是否盈利,而是取决于是否有足够现金用于各种支出。

准确的现金流量预算,可以为企业提供预警信号,使经营者能够及早采取措施。为了准确编制现金流量预算,不仅要将各具体目标加以汇总,还要将预期未来收益、现金流量、财务状况和投资计划等以量化形式表现出来,建立全面预算,预测未来现金收支的状况。

财务风险预警系统通常都具有良好的内部控制制度和稽核制度。否则,即使是最先进的预警系统,也无法正常运转。各企业的组织形式、企业规模等都是存在差异的,企业要根据实际情况来设计符合自身要求和特点的财务风险预警系统。

建立有效的风险处理机制,增强抗险能力

为了有效防范可能发生的财务风险,必须从长远利益着眼,建立和健全企业财务风险防御机制。具体方法有:

(1)通过某种手段(如参加社会保险),将部分或全部财务风险转移给他人承担,建立健全的企业风险转移机制。

(2)通过企业之间联营、多种经营和对外投资多元化等方式,及时分散和化解企业财务风险,建立健全的企业风险分散机制。

（3）在选择理财方案时，对各种方案可能产生的财务风险进行综合评价，在保证财务管理目标实现的前提下，建立健全的风险回避机制。

（4）建立健全的企业风险基金和积累分配机制，及时足额地增补企业的自有资金，壮大企业的经济实力，提高企业抗击财务风险的能力。

建设财务风险制度文化，增强风险防范意识

企业财务风险的高效管理来自于企业上下一心的全员参与和制度支撑，因此，要在文化层面加强员工的财务风险意识，打破传统的风险自我无关和自我分割的思想，建立起全面整体的风险观，把风险管理的观念和行动落实到每个人的身上。

管理层要对本企业的风险制度文化建设进行调查和规划，利用制度控制和文化引导双管齐下，努力提升企业的风险管理水平。要使财务管理人员明白，财务风险存在于财务管理工作的各个环节，任何环节的工作失误都可能给企业带来财务风险，必须将风险防范贯穿于财务管理工作的始终；要加强科学决策、集体决策，摒弃经验决策、"拍脑门"决策等主观决策习好，降低财务决策风险。

完善风险管理机构，健全内部控制制度

企业财务风险管理具有复杂性和多样性，因此企业必须建立和完善相应的组织机构，及时有效地管理风险。只有企业的财务风险实现组织化运作，才能让企业财务风险管理得到足够的重视和规模

运行。企业可以单独设立一个财务风险管理处并配备相应的人员对财务风险进行预测、分析、监控，及时发现风险、化解风险，建立健全风险控制机制。

治理结构和内控制度弱化本身就是高风险的表现，因此，首先，要完善公司的治理结构，提高控制风险能力，实现科学决策、科学管理，形成完整的决策机制、激励机制和制约机制；其次，要建立监督控制机制，特别要加强授权批准、会计监督、预算管理和内部审计；再次，财务和会计应该分设，单位分管领导分开，分别设置管理中心，各行其责；最后，充分发挥内部审计机构和人员的作用，搞好内部控制的评审和风险估计。

理顺企业内部财务关系，做到责、权、利相统一

为了防范财务风险，企业还须理顺内部的各种财务关系。首先，各部门要明确其在企业财务管理中的地位、作用、职责和被赋予的相应权力，做到权责分明，各负其责；其次，在分配利益的时候，企业应兼顾各方利益，真正做到责、权、利相统一。

第四章 投资战略：投资资本"蓝海"，把握战略方向

商业巨头收购投资战略基于五大要点

2014年以来，互联网商业巨头的收购投资一桩接着一桩，让人眼花缭乱，目不暇接。在巨头们一桩又一桩的投资收购案例中，BAT三巨头的动作尤为频繁，甚至连有些行业内人士都惊呼越来越看不懂了。

在比较分析了BAT三巨头近年来一系列的投资收购案例之后，我们发现，BAT三巨头的投资策略基本上基于以下五点。

吃掉"老二"，形成行业垄断

这点很容易理解，这类并购案例不仅仅局限于互联网行业。老大把老二吃掉，在行业里形成绝对领先的优势；或者是老二和老三联合起来，挑战老大的地位，这些现象都很常见。2013年，腾讯入股搜狗案，SOSO划入搜狗，就属于这一类型。搜狗在并入SOSO之后，补强了搜索业务，市场定位更加稳固。这类并购案例的目的非常明显，就是希望通过并购形成行业垄断优势。

投资新业务，押宝新市场

巨头不可能所有业务都做，也不可能将每条业务线都做精。因此，与其自己做，不如收购一家有潜力的企业。在移动互联网大潮中，不少新领域里蕴藏着巨大的机会，可是，巨头对部分领域是陌生的，这时巨头就会发挥自己钱多的优势，投资一些新兴市场的初创企业，这样既起到布局作用，又能为未来业务增长埋下伏笔。

这一点，从 BAT 三巨头投资的案例中都能找到对照。例如，阿里巴巴投资恒大及收购文化中国等，这些业务跟之前其经营的业务线一点关系都没有，跟竞争对手的关系也不大，可是，在手头资金充裕的情况下，为了寻找更多的新增长点、培育新的业务线，投资或收购一些新业务，推出一些新产品都是合情合理的。

查漏补缺，对抗竞争对手

在 PC 互联网时代，BAT 原本各自为战，百度专注搜索领域，阿里巴巴专注电商领域，而腾讯专注在 IM 领域。可是，随着三家的体量的越来越大，都在各自领域形成了垄断优势，再加之移动互联网时代的到来，互联网的商业世界被解构重塑。

BAT 三家的主营业务和收入结构虽然不同，可是，业务结构却越来越趋于一致。百度不再仅仅是一家搜索引擎公司，阿里巴巴也不再仅仅是一家电商公司，而腾讯也不再是社交公司，三家成了全业务覆盖的巨无霸互联网公司。在这种大背景下，为了在重要业务当中跟其他两家公司形成对抗，就要通过投资来达到目的，如阿里巴巴收购高德就属于这一类。

地图业务作为一项互联网重要的基础业务线，在 BAT 三家当中，原来只有阿里巴巴没有涉足。可是，后来阿里巴巴通过对高德的收购，填补了在这一块业务上的空缺。腾讯投资京东也属于这一种。电商是互联网行业目前最重要的一个业务线，腾讯自然不甘心在这一领域毫无建树，虽然有易迅、拍拍，可是体量太小，不足以对抗阿里巴巴这个电商大鳄。而在腾讯投资京东，并把易迅、拍拍网打包送给京东后，就在电商领域有了一个重要的战略伙伴，足以与阿里巴巴形成对抗。

 阻击竞争对手，谨防被弯道超车

一直以来，商场都是战场。在商战中，除了竭尽全力发展自身业务外，还要谨防被竞争对手超越。这时，就需要通过投资或并购来阻击竞争对手实现弯道超车。特别是在一些重要业务领域，巨头之间的竞争就更为激烈。例如，为了阻击百度，阿里巴巴收购了UC。在这类收购案中，一个显著的特点是为了收购一家企业，两家巨头争得不可开交。

 寻找平台流量变现的出口

除了以上四点外，还有一点不容忽视的是，随着 BAT 三巨头的体量越来越大，其流量的导入和制造能力也越来越强，这使得流量的最大化变现也成为各大巨头的当务之急。例如，在腾讯的一系列收购投资案当中，投资大众点评网、投资京东之后，微信的流量入

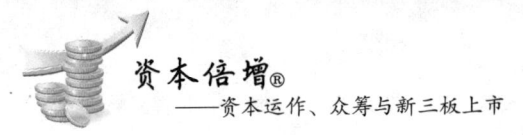

口作为一个非常重要的部分都被提现。

纵观三巨头在近几年来的投资收购案例，基本都脱离不了以上这五大诉求。可是，这些诉求又不是互相独立的。在一个成功的投资案例中，不仅是满足以上某一个诉求，而是同时满足了几个诉求。这对其他所有企业的投资来说，都具有启示和借鉴意义。

第五章

资本运作：企业上市前资本运作模式

企业上市前的资本运作方式有很多，要选择对企业适用的操作模式。本章介绍了资本运营的基本内涵，以及上市公司资本运营战略的影响因素，重点介绍了并购重组模式、股权投资模式、合资控股模式、杠杆收购模式和战略联盟模式等，这些都是企业上市前通常采用的资本运作模式，既保护股东利益，又不影响企业上市前途。

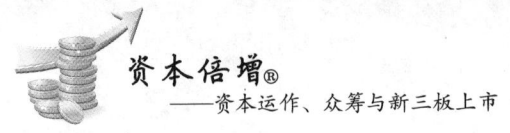

资本运营的基本内涵与规则

　　所谓资本运营是指企业在战略谋划的基础上,以价值化、证券化的资本或可按价值化、证券化操作的物化资本在企业内外部运营流动,使企业资源和生产要素得到优化配置,促使企业创造更大价值,谋求可持续发展。资本运营的对象涉及企业内部资源、社会资源和其他企业或部门的资源。具体运营手段和工具有很多,并且会随着经济、技术的发展不断推陈出新。

 **资本运营的基本内涵**

　　资本运营的内涵有两层:第一,资本运营是市场经济条件下社会配置资源的一种重要方式,主要通过资本层次以上的资源流动来优化社会的资源配置结构。第二,从微观来讲,资本运营是利用市场法规,通过资本本身的技巧性运作,实现资本增值、效益增长。具体体现为以下几点:

　　(1)资本运营的主体,既可以是资本的所有者,也可以是资本所有者委托或聘任的经营者,由他们承担资本运营的责任。

　　(2)资本运营的对象,或是一种形态的资本(如金融资本);或是两种形态以上的资本（如运营生产资本、商品资本、房地产资本等）。

（3）资本的各种形态必须投入到某一经营领域之中或投入到多个经营领域之中，因为只有投入到某一产业或多个产业之中，才能发挥出资本的功能，才能有效利用资本的使用价值。

（4）资本是一种生产要素，必须同其他生产要素相结合，优化配置，才能将资本的使用价值发挥出来，才能创造更多的价值。

（5）资本运营的目的是获取理想的利润，并使资本增值。

企业资本运营的规则

对企业来说，资本运营是指以货币化的资产为主要对象的购买、出售、转让、兼并、托管等活动，实现资源优化配置，实现利益的最大化。企业进行资本运营要遵守以下一些规则：

规　则	说　明
资本运营与核心能力有机结合	资本运营是在企业内部形成的、以资本效率和效益为核心的，是实现资本有效增值的一种经营方式。资本运营必须以企业核心能力为基础，只有将两者结合起来，企业才能扩大规模，提高效益。
企业经济实力与品牌优势有机结合	品牌是企业成功进行生产经营的重要标志。品牌是一种无形资产，在资本运营中，既可以作为一种资本入股，减少企业有形资本的流出，又能够通过冠名权支持一个企业的持续发展。
低成本扩张和资本收益有机结合	在资本运营过程中，要对投入和产出的比例进行计算和分析，最大限度地降低单位产品的劳动生产率，寻求效益的最大化。
企业内部完善管理与外部规模经济有机结合	企业要搞好资本运营，必须按照《公司法》的要求，明确决策、执行、监督三者间各自独立、权责明确、互相制约的关系。

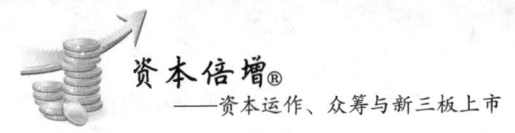

上市公司资本运营战略的影响因素

上市公司的目标是通过资本运营来优化资源配置,提高资本使用效率和效益,最终使股东的资本或权益尽可能地升值。要想实现这一目的,就必须把资本运营放到时代大背景下,从一定的战略高度来实行。

 上市公司实施资本运作的必然性

1. 资本运作——对企业的发展起着巨大的推进作用

纵观世界上众多著名企业的发展史,有这样一条明显的规律:许多企业都是从产品经营起家的,之后经过长期的积累和发展,在行业内达到一定的水平和规模;接着,就会进行资本运作,经过公司上市、企业并购、战略投资等一系列资本运作手段,加强产品经营或者介入其他行业开创新天地,逐步把公司做强做大。

2. 资本运作——建立现代企业制度的必然要求

如今,虽然有些上市公司成功上市了,可是企业体制、经营机制和管理流程等方面的转变还没有真正到位。上市公司要想摆脱现有的弊端，走一条可持续发展之路，关键在于建立现代企业制度，完善公司治理结构。通过资本运作实现投资主体多元化，是实现这一转变的有效途径。

3. 资本运作——上市公司实现"做大做强"战略目标的必要手段

许多上市公司都把"做大做强"作为企业的发展目标。可是，规模经济的发展需要持续不断的市场投入、技术投入、人力投入等，这些最终都会体现为大量的资金投入，仅靠银行是无法及时、长期提供的；而资本运作却可以让企业在较短的时间内筹集到大量资金。充分利用社会资本，企业规模就有可能实现快速扩张。由此可见，资本运作确实为上市公司的发展提供了一个很好的现实选择。

4. 资本运作——上市公司实现资源整合的必然途径

在市场经济条件下，要想实现社会资源的有效配置，就需要各生产要素在国民经济各行业和企业之间进行合理流动。上市公司在进行市场化的资源整合时，必须通过资本运作，采用并购、控股等方式，提高资源整合的效率和效益，实现上下游产业的强强联合和规模扩张。

5. 资本运作——我国对外竞争战略的必然选择

一直以来，产业结构不合理和企业资产质量不高，都是导致国内公司与国外公司在竞争中处于劣势的一个重要原因。要想解决这一问题，最佳途径就是依靠资本运作。通过市场化的资产重组，把以中小公司为主的组织结构，转变为以大公司为龙头的组织结构，就可以扩大龙头企业的规模，提高市场占有份额和市场影响力。这样，以大企业为龙头的产业结构，就会具备充分的实力和灵活的应变能力，面对激烈的国际市场竞争时，便可以从容应对。

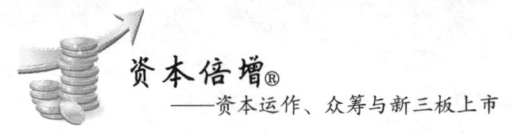

上市公司资本运营战略的影响因素

影响上市公司资本运营战略的因素除了行业内企业的竞争外，主要有以下几个方面：

1. 行业生命周期

同分析产品生命周期一样，我们可以将行业的生命周期划分为四个阶段：引入期、成长期、成熟期和衰退期；然后，按照不同的阶段采取不同的策略。

2. 国家产业结构和产业政策

在我国，随着城市化和工业化进程的加快，第一产业、第二产业的比重在逐渐降低，第三产业的比重不断提高；从以劳动密集型产业为主转向以资金、技术密集型产业为主，特别是随着计算机网络、通信、生物等行业近几年的快速发展，技术密集型产业必然会获得大发展。同时，我国几年来大力倡导的汽车工业、基础设施相关行业、电子业等也会大有可为。

3. 行业市场状况

了解市场供需状况和变化特点后，企业在通过兼并、收购等资本运营方式进入新行业时，就可以多一些参考。

4. 潜在加入者的威胁

同行业内企业的竞争一样，同竞争对手的竞争策略很可能威胁到企业本身。而且，当一个行业的业内竞争过于激烈时，利润率必然会大幅下降，不宜进入；相反，新型的行业，垄断程度相对较高，利润率也高，应适时进入。例如，长虹和海尔两家企业的资本运营战略。

当彩电行业和冰箱产业的发展趋缓时，长虹选择了竞争白热化的 VCD 行业，而海尔则选择了尚未发展成型的小家电产业和 IT 行业。结果，两者取得了迥然不同的效果：长虹 VCD 销声匿迹，而海尔小家电和家用电脑则遍布全国。

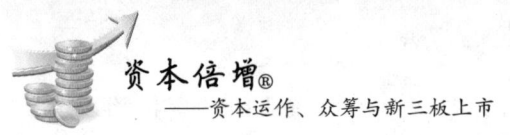

并购重组模式

企业并购重组是搞活企业、盘活国企资产的重要途径。现阶段，我国企业并购融资大多数都采用现金收购或股权收购支付方式。随着并购数量的剧增和并购金额的增大，已有的并购融资方式已满足不了需要，因此就要拓宽新的企业并购融资渠道。

通常来说，并购重组会采用以下两种方式：一是完全接纳并购重组；二是剥离不良资产，授让全部优质资产，原企业注销。

完全接纳并购重组

完全接纳并购重组就是把被并购企业的资产与债务整体吸收进来；之后，再进行资产剥离，盘活存量资产，清算不良资产，通过一系列重组工作后实现扭亏为盈。这种方式比较适用于具有相近产业关系的竞争对手，还适合产品上下游生产链关系的企业。

1995年8月28日，全国最大的化纤生产企业仪征化纤以担保债务方式与佛山市政府正式签约。以为亏损的佛山化纤10.81亿元人民币债务提供担保的形式，获得了后者的全部产权，并3年付清

9400万元土地使用费。并购后,仪征化纤少了一个竞争对手,扩大了整体规模,实现了双方优势互补。

使用这种模式的好处在于:第一,并购双方兼容性强、互补性好,并购后既可以扩大生产规模,还不会浪费人、财、物。第二,减少了竞争对手之间的竞争成本,不用支付太多的并购资金,甚至还可以以零现款支出收购。第三,如果这种并购双方为国企,还可能得到政府在银行贷款和税收优惠等政策支持。

剥离不良资产,授让全部优质资产,原企业注销

这种方式下,并购方只接纳被并企业的资产、技术和部分人员,被并企业用出让金安抚余下人员(买断工龄)、处置企业残值后自谋出路。如果想采用这种方式,并购方必须具有一定的现金支付实力,并且不用承担被并购方债务。

哈尔滨龙滨酒厂连年亏损,1995年资产总额为1.4亿元。三九集团在征得哈尔滨市政府同意后,出资买断了该酒厂的全部产权。而新建一个类似的酒厂,至少需要2亿元以上的投资和3年左右的时间。

值得一提的是,协议收购是目前我国证券市场并购重组的主流模式,究其原因有以下几个:

(1)我国目前上市公司特殊的股权结构是协议收购的;

(2)再融资需求;

(3)政府推动;

(4)协议并购模式的深化创新特别是买壳上市的出现。

股权投资模式

所谓股权投资是指投资方通过投资拥有被投资方的股权,投资方成为被投资方的股东,按所持股份比例享有权益并承担相应的责任与风险。常见的股权投资形式有:流通股转让和非流通股转让。

流通股转让

公众流通股转让模式又称为公开市场并购,即并购方通过二级市场收购上市公司的股票,获得上市公司控制权。1993年9月发生在上海证券交易所的"宝延风波",拉开了我国通过股票市场收购上市公司的序幕。自此以后,还发生了深圳万科在沪市控股上海申华、深圳无极在沪市收购飞跃音响、君安证券6次举牌控股上海申华等案例。

虽然在证券市场比较成熟的西方发达国家,大部分上市公司并购都是采取流通股转让方式进行的,可是,在中国通过二级市场收购上市公司的可操作性却并不强。先行条件对该种方式的主要制约因素有：

制约因素	说　明
上市公司股权结构不合理	不可流通的国家股、有限度流通的法人股占总股本的比重约70%，可流通的社会公众股占的比例过小，这样，能够通过公众流通股转让达到控股目的的目标企业就很少。
现行法规对二级市场收购流通股有严格的规定	突出的一条是，收购中，机构持股5%以上需在3个工作日之内做出公告举牌；每增减2%，也需做出公告。这样，每次公告必然会造成股价的飞扬，提高二级市场的收购成本；完成收购的时间也较长。如此高的操作成本，必然会抑制此种并购的运用。
股价过高	我国股市规模过小，股市外围的资金堆积庞大，因此股价过高。对收购方来说，如果想收购成功，需要付出较大的成本，得不偿失。

非流通股转让

股权协议转让是指并购公司根据股权协议转让价格受让目标公司全部或部分产权，获得目标公司控股权。股权转让的对象一般是国家股和法人股，使用这种方法既可以是上市公司向非上市公司转让股权，也可以是非上市公司向上市公司转让股权。

这种模式的对象是界定明确、转让方便的股权，无论是从可行性、易操作性来说，还是从经济性来说，公有股股权协议转让模式都具有显著的优越性。

1997年发生在深、沪证券市场上的协议转让公有股买壳上市事件多达25起，如北京中鼎创业收购云南保山、海通证券收购贵华旅业、广东飞龙收购成都联益等。其中，比较典型的是珠海恒通并购上海棱光。

1994年4月28日，珠海恒通集团股份有限公司斥资5160万元，以每股4.3元的价格收购了上海建材集团持有的上海棱光股份有限公司1200万国家股，占总股本的33.5%，成为棱光公司第一大股东，其收购价格仅相当于二级市场价格的1/3，同时法律上也不需要多次公告。

这种方式的好处在于：第一，我国现行的法律规定，机构持股比例达到发行在外股份的30%时，应发出收购要约。证监会对此种收购方式持鼓励态度并豁免其强制收购要约义务，可以在不承担全面收购义务的情况下，轻易持有上市公司30%以上股权，这样就大大降低了收购成本。第二，目前在我国，国家股、法人股股价低于流通市价，并购成本较低，通过协议收购非流通的公众股不仅可以达到并购目的，还可以得到由此带来的"价格租金"。

第五章 资本运作：企业上市前资本运作模式

资产置换式重组模式

　　资产置换是实现企业资源优化配置的一种方式，指的是两个公司间资产的交换。根据未来发展战略，使用对企业未来发展作用不大的资产来置换企业未来发展所需的资产，企业的产权结构很可能会出现实质性变化。

　　钢运股份是上海交运集团公司控股的上市公司，由于长期经营不善，历年来一直业绩不佳。1997年12月，交运集团将其属下的优质资产——全资子公司交机总厂和交运集团持有的高客公司51%的股权与钢运公司经评估后的资产进行等值置换，置换价10841.4019万元，差额1690万元作为钢运股份对交运集团的负债，实现了钢运公司的产业结构和经营结构战略的转移，公司也因经营范围的彻底转变而更名为"交运股份"。

　　使用这种方式，并购企业间不用现金流动，并购方无须或只需少量支付现金，可以大大降低并购成本。同时，还能够有效地进行存量资产调整，将公司对整体收益效果不大的资产剔掉，将对方的优质资产或与自身产业关联度大的资产注入，更为直接地转变企业的经营方向和资产质量，且不会涉及企业控制权的改变。

在我国上市公司中，资产置换通常发生在上市公司与其大股东之间，大多数是关联交易，所产生的效果与理论预期往往会有一定的差距，更多的是大股东对上市公司短期的扶持行为，其目的是迅速扭亏增盈。此外，在信息交流不充分的条件下，找到合适的置换对象比较难。

实施资产置换重组可选的方式

实施资产置换重组可以采用的方式主要有：

1. 先进行资产置换后转让控股股权

此种重组实施方式要求：首先按《公司法》《证券法》规定进行资产置换，如果是上市公司，还需要遵循证监会《关于上市公司重大购买、出售、置换资产若干问题的通知》（证监公司字〔2001〕105号文件）；资产置换完成后，利用置换出的资产向原控股股东进行转让，以取得该等控股股权。

2. 先转让控股股权后进行资产置换

此种方式要求：首先依照《公司法》《证券法》以及证监会和财政部门的有关规范性文件规定进行控股股权的转让；原控股股东用转让股权所得对价再向重组方收购其完成资产置换后所置出的原上市公司资产。

重组方须与原方、上市公司签署三方协议，约定重组方将置入上市公司优质资产形成的债权，与原控股方的控股权进行置换，原控股方再将由此取得的对上市公司的债权置换上市公司原资产和原主业，彻底消灭三方之间的债权债务关系。

或者采取反向操作，即先由上市公司将资产置出给原控股方，形成对原控股方的债权，再用该债权与重组方的优质资产进行置换，将重组方优质资产和主业置入上市公司；重组方由此取得对原控股方的债权，再用该债权置换原控股方对上市公司的控股权，彻底消灭三方之间的债权债务关系。

其中，重大置换要遵循特定的程序和要求。根据《公司法》《证券法》以及证监会〔2001〕105号文件规定要求，资产置换应符合如下的法律要求：有利于上市公司的可持续发展和全体股东利益；与实际控制人和其关联人之间不存在同业竞争；保证上市公司与实际控制人和其关联人之间人员独立、资产完整、财务独立；上市公司应具有独立经营能力，在采购、生产、销售、知识产权等方面能够保持独立。

上市公司实施重大资产置换行为后，应当符合以下要求：置换完成后，公司仍具备上市条件；公司仍具有持续经营能力；置换涉及的资产产权清晰，不能存在债权债务纠纷等情况；置换过程中，也不能存在明显损害上市公司和全体股东利益的其他情形。

重大资产置换中的程序

重大资产置换中还必须遵循有关的程序要求，具体包括以下环节：

（1）在与交易对手形成初步意向并签署保密协议后，上市公司董事会要对重大置换资产相关事宜进行审议并做出决议。

（2）董事会在形成决议后2个工作日内，应当向证监会和上市公司所在地的证监会派出机构报送决议文本和《重大购买、出售、

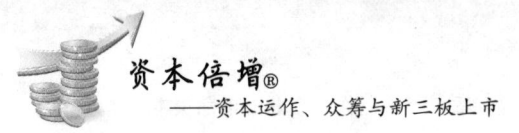

置换资产报告书》和其附件等相关文件；同时，向证券交易所报告并公告，独立董事的意见应当与董事会决议一并公告。

（3）依据证监公司字〔2001〕105号文件，上市公司一些重大置换资产交易行为还应当提请证监会股票发行审核委员会审核。审核未提出异议的，公司董事会才可以召开股东大会，由股东进行表决。

第五章 资本运作：企业上市前资本运作模式

以债权换股权模式

所谓以债券换股权是指将过去对并购企业负债无力偿还企业的不良债权，作为对该企业的投资，并转换为股权；如有需要，再进一步追加投资，以实现控股。

辽通化工股份有限公司是辽河集团和深圳通达化工总公司共同发起设立的，其中辽河集团以其属下骨干企业辽河化肥厂的经营性资产作为发起人的出资。

锦天化是一个完全靠贷款和集资起家的企业，由于经营管理不善，企业背上了沉重的债务。可是，锦天化设计规模较大，生产设备都是20世纪90年代的，属于国际先进水平，恰可以作为辽河化肥厂生产设备的升级。

基于以上原因，辽通化工将锦天化作为并购的首选目标。1995年底，辽河集团以承担6亿元债务的方式，先行收购锦天化。此后，辽河集团以债转股方式，将锦天化改组为有限责任公司。辽通化工在1997年1月上市后，用募集的资金全面收购改组后的锦天化，辽通化工最终以6亿元的资金盘活近20亿元的资产，一举成为我国尿素行业的"大哥大"。

债权转股权,可以解决国企由于投资体制缺陷造成的资本金匮乏、负债率过高的"先天不足",更适合中国国情;对并购方来说,也可以让自己变被动为主动。

可以转为股权的债权类型

根据《公司债权转股权登记管理办法》第三条的规定,以下三类债权可以转为公司股权,并适用《公司债权转股权登记管理办法》的规定:"(一)公司经营中债权人与公司之间产生的合同之债转为公司股权,债权人已经履行债权所对应的合同义务,且不违反法律、行政法规、国务院决定或者公司章程的禁止性规定;(二)人民法院生效裁判确认的债权转为公司股权;(三)公司破产重整或者和解期间,列入经人民法院批准的重整计划或者裁定认可的和解协议的债权转为公司股权。"

该条规定了可以转为股权的债权的三种基本情形,可是,在实践中的情况则更为复杂。

1. 是否以第三方债权出资

结合《公司债权转股权登记管理办法》第二条和第三条的规定,显然债权人不能以其对第三方的债权对公司出资,无论是在公司设立时或在公司存续期间均不可以。

2. 金融债权转股权问题

根据《中华人民共和国商业银行法》的相关规定,商业银行不得向非自用不动产投资或者向非银行金融机构和企业投资,国家另有规定的除外。可见,商业银行不能将对企业的金融债权转为对企业的股权。

可是,《金融资产管理公司条例》又在第十条规定:"金融资产管理公司在其收购的国有银行不良贷款范围内,管理和处置因收购国有银行不良贷款形成的资产时,可以从事下列业务活动……(三)债权转股权,并对企业阶段性持股。"即金融资产管理公司可以通过收购国有银行不良贷款,将其转为对企业的股权,并对企业阶段性持股。

3. 合同之债转股权问题

根据《公司债权转股权登记管理办法》第三条的规定,以合同之债出资,应符合以下情形之一:"(一)……债权人已经履行债权所对应的合同义务,且不违反法律、行政法规、国务院决定或者公司章程的禁止性规定;(二)人民法院生效裁判确认转为公司股权;(三)公司破产重整或者和解期间,列入经人民法院批准的重整计划或者裁定认可的和解协议转为公司股权。"

第(二)、第(三)种情形较为简单,而第(一)种情形则非常复杂,其一是债权金额如何确认?其二是与合同相关的违约金、赔偿金等能否转为股权?其三是债权人履行债权所对应的合同义务的范围,根据合同类型的不同也有很大的差别,应如何确认?其四是合同无效的情形与"不违反法律、行政法规、国务院决定或者公司章程的禁止性规定"如何协调?其五,基于一份合同的债权能否分割,能否分期转为股权?

以借款合同为例,如果以借款合同形成的债权转为股权,首先,要对借款合同的法律效力进行认定,审查该合同是否为无效合同;其次,如果该合同有效,则需审查该合同约定的利息是否超过法律规定,超过部分利息也无效;再次,该合同约定的违约金、赔偿金是否有效,能否得到法律支持;最后,该合同约定的赔偿损失的范

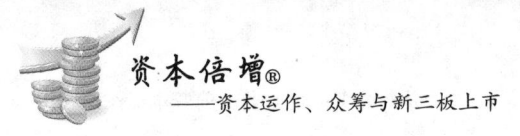

围，如差旅费等是否为有效债权，能否转为股权？这些问题只能在实践中逐步解决。

4. 侵权之债、无因管理之债、不当得利之债转股权问题

根据民法理论，债权可以分为四种：合同之债、侵权之债、无因管理之债和不当得利之债。可是，《公司债权转股权登记管理办法》并没有依此对可转为股权的债权进行区分。

根据该办法第三条规定，债权人将侵权之债、无因管理之债、不当得利之债转为股权，应符合以下条件之一："（1）人民法院生效裁判确认转为公司股权；（2）公司破产重整或者和解期间，列入经人民法院批准的重整计划或者裁定认可的和解协议转为公司股权。"

债权转为股权应履行的程序

根据《公司债权转股权登记管理办法》的相关规定，以债权转为股权的，一般应履行以下程序：

1. 债权人、公司签署相关法律文件

包括：债权转股权协议、债权人免除公司对应债务的通知等。用以转为股权的债权有两个以上债权人的，债权人对债权应当已经做出分割。

2. 评估

用以转为股权的债权，应当经依法设立的资产评估机构评估。债权转股权的作价出资金额不得高于该债权的评估值。

3. 股东会（股东大会）决议

债权转股权事宜属于公司增加注册资本（发行股份），应经过股东会（股东大会）决议。股东会（股东大会）不仅要确认债权的作价金额，还要确认债权作价出资金额并符合《公司法》和公司章程的规定。

4. 验资

债权转股权应当经依法设立的验资机构验资并出具验资证明。另外，债权转股权时增加的注册资本不得分期缴纳。

5. 办理变更登记

债权转为股权的，公司应当依法向登记机关申请办理注册资本和实收资本变更登记。除了按照《公司登记管理条例》和国家工商行政管理总局有关企业登记提交材料的规定执行外，还应提交以下材料：（一）属于《管理办法》第三条第（一）项规定情形的，提交债权人和公司签署的债权转股权承诺书，双方应当对用以转为股权的债权符合该项规定做出承诺；（二）属于《管理办法》第三条第（二）项规定情形的，提交人民法院的裁判文书；（三）属于《管理办法》第三条第（三）项规定情形的，提交经人民法院批准的重整计划或者裁定认可的和解协议。

6. 国有企业债权转股权的特别程序

对于国有企业来说，如果是以其对其他企业的债权转为股权或国有企业的债权人将其对国有企业的债权转让股权的，还应根据《中华人民共和国企业国有资产法》等相关规定履行相应的审批手续。

7. 外商投资企业债权转股权的特别程序

外商投资企业的投资者将其对外商投资企业的债权转为股权的，应履行相应的商务部门审批手续和外汇登记手续。

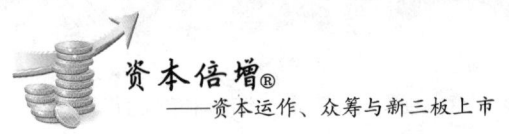

合资控股模式

合资控股又称注资入股,即由并购方和目标企业各自出资组建一个新的法人单位。具体方法是:目标企业以资产、土地和人员等出资,并购方以技术、资金、管理等出资,占控股地位;目标企业原有的债务仍由目标企业承担,以新建企业分红偿还。这种方式严格说来属于合资,可是,实质上出资者收购了目标企业的控股权,应该属于企业并购的一种特殊形式。

青岛海信现金出资1500万元和1360万元,加上技术和管理等无形资产,分别同淄博电视机厂和贵州华日电器公司成立合资企业,控股51%;对无力清偿海信债务的山东电讯器材厂和肥城电视机厂,海信分别将其393.3万元和640万元债权转为股权,加上设备、仪表和无形资产的投入,控股55%,同他们成立合资企业。青岛海信通过合资方式获得了对合资企业的控制权,达到了兼并的目的。

合作控股,是以少量资金控制多量资本,可以有效节约控制成本。当目标公司为国有企业时,让当地的原有股东享有一定的权益,同时合资企业仍向当地缴纳税收,有助于获得当地政府的支持,从

第五章 资本运作：企业上市前资本运作模式

而突破区域限制等不利因素。同时，将目标企业的经营性资产剥离出来与优势企业合资，才能够有效规避目标企业历史债务的积累及隐性负债、潜亏等财务陷阱。

不足之处在于：此种只收购资产而不收购企业的操作容易招来非议；同时，如果目标企业身处异地，资产重组将容易受到"条块分割"的阻碍。

 合资控股如何进行股权分配

合资控股如何进行股权分配是个绕不过去的问题，尤其是对创业企业来说，更需要妥善解决这个问题。有专家建议把股权首先分成两个类别，即资金股权部分和经营管理股权部分。先把这两个部分的股权分别确定清楚，不按人的角度分配，而是按这两个类别的角度分配。

资金股权的确定需要区分投资者的类型，一般来说个人投资得看投资人的个人特性，机构投资则更多有一套价值评估的系统。投资者为什么要投我们的团队呢？最重要的是看重人，其次才是项目。因此，首先要从人的角度来对待投资资金所占的股份比例问题。

如果投资者的控制欲特别重，就不用和他奢谈控股了，不如把精力转到扩大盘子上，让团队的收益增大。如果投资者是特别豪爽的，或许你可以获得控股权。总之，要尊重投资人的看法。如果确实觉得不合适，就说明你选错了投资人，这时应该改变的是你，而不是他！

经营股权部分总的比例定好了之后，就可以对每个人在团队中担任的职责和能力进行评估了。如果有争议，可以设立一些简单的虚拟股权绩效评价系统。

对待股权分配最基本的就是要多加细谈。股权不谈好，在创业过程中必然会发生各种问题。因此，股权不要按照人来分，要按照

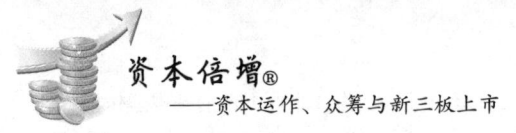

客观的资金、职责、岗位、创意等角度来分，尽量避免随意拍脑袋的分配方式所带来的问题。

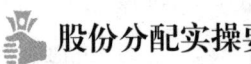 **股份分配实操要领**

如何来分配股份呢？

1. 有一支投资团队

在一般情况下，传统产业的投资人几乎都不会干涉企业的经营，因为很容易产生纠纷，所以事前定好规则非常重要。如果希望能够控股，靠一个人是肯定不行的。在和投资人谈判之前，要先组建一支可以运营项目的团队。这是前提，如果没有自己的团队，即使让你控股，你也会很快被边缘化。

2. 做好项目估值

怎样谈股份？需要对项目进行估值。基本的公式是：如果想筹资1000万元，而双方都认为项目价值1亿元，就要给出公司股份的10%。这时候，可以做一个一定营业额范围内的股份分配。即使对方要求控股，你在没有团队的情况下也可以答应，这样就可以集中精力做好自己擅长的事情。同时，可以在协议上要求，如果营业额达到多少时，可以要求回购股份到控股的份额。这样，投资人会认为很保险，也比较容易接受。

3. 确定退出的方式

如果运营成功，就是上市（IPO）、并购退出；如果运营失败，就是清算退出。

第五章　资本运作：企业上市前资本运作模式

杠杆收购模式

所谓杠杆收购就是收购公司利用目标公司资产的经营收入来支付兼并价金或作为此种支付的担保。换言之，收购公司不必拥有巨额资金，加上以目标公司的资产和营运所得作为融资担保、还款资金来源所贷得的金额，就可以兼并任何规模的公司。这种收购方式在操作原理上类似杠杆，故而得名。

杠杆收购在20世纪60年代出现于美国，之后迅速发展，80年代已风行于欧美。银河数码动力收购香港电信就是这种资本运营方式的经典手笔。

由小超人李泽楷执掌的银河数码动力，相对于在香港联交所上市的蓝筹股香港电信来说，只是一个小公司。可是，李泽楷将被收购的香港电信资产作为抵押，向中国银行集团等几家大银行筹措了大笔资金，成功地收购了香港电信。此后，再以香港电信的运营收入作为还款来源。

具体来说，杠杆收购具有如下特征：第一，与收购总价资金比较起来，收购公司用于收购的自有资金显得微不足道。第二，绝大

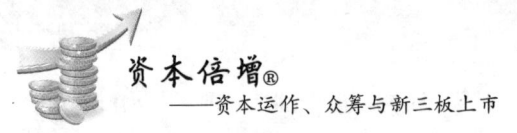

部分收购资金是通过借贷的方法获得的，贷款方可能是金融机构、信托基金，也可能是目标公司的股东。第三，用来偿付贷款的款项来自目标公司营运产生的资金，即从长远来讲，目标公司将支付它自己的售价。第四，收购公司只用投入非常有限的资金，不用负担进一步投资的义务；贷出绝大部分并购资金的债权人，只能向目标公司求偿，无法向真正的贷款方——收购公司求偿。

杠杆收购方法的典型优势在于：第一，并购项目的资产或现金要求很低；第二，产生协同效应；第三，通过将生产经营延伸到企业之外；第四，运营效率得到提高；第五，通过驱除过度多元化所造成的价值破坏影响；第六，改进领导力与管理。

其缺点就在于：并购公司通过盗用第三方的财富来榨取目标公司的额外现金流。被收购公司由于支付利息而享受的免税政策，在随后的生产运营过程中只有很少的赋税，可是，股东分配到的股息享受不到这样的优惠；一旦出现金融危机、经济衰退等不可预见的事件，或者政策调整等，将会导致定期利息支付困难、技术性违约、全面清盘。此外，如果被收购经营管理不善、管理层与股东们动机不一致，都会威胁杠杆收购的成功。

常见的杠杆收购融资财务模式

杠杆收购融资，是一种十分灵活的融资方式，其采用不同的操作技巧，可以设计不同的财务模式。常见的杠杆收购融资财务模式主要有以下几种：

1. 典型的杠杆收购融资模式

为了收购目标企业，筹资企业可以采用普通的杠杆收购方式，主要通过借款来筹集资金。在这种模式下，筹资企业一般期望通过几年的投资来获得较高的年投资报酬率。

2. 杠杆收购资本结构调整模式

为了购回本公司部分股份，先由筹资企业评价自己的资本价值，分析负债能力；之后，再采用典型的杠杆收购融资模式。

3. 杠杆收购控股模式

企业不是把自己当作杠杆收购的对象来考虑，而是以拥有多种资本构成的杠杆收购公司的身份出现。具体的做法为：首先，对公司有关部门和其子公司的资产价值和负债能力进行评价；其次，以杠杆收购方式筹资，所筹资金由母公司用于购回股份、收购企业和投资等，母公司仍对子公司拥有控制权。

企业以杠杆收购融资方式完成收购活动后，为了尽快取得较高的经济效益，就要按规模经济原则进行统一的经营管理。在企业运营期间，企业应尽量用所收购企业创造的收益偿还银行的杠杆贷款，偿还方式与偿还办法按贷款合同执行；同时，还要有一定的盈利。

杠杆收购的步骤

在具体应用杠杆收购时，一般是按以下四个步骤进行：

第一步，设计。

由发起人制定收购方案，与被收购方进行谈判，进行并购的融资安排。必要时，以自有资金参股目标企业。发起人通常就是企业的收购者。

第二步，集资。

并购方先通过企业管理层组成的集团筹集收购价10%的资金，然后以准备收购的公司的资产为抵押，向银行借入过渡性贷款，相当于整个收购价格50%~70%的资金，向投资者推销收购价20%~40%的债券。

第三步，收购。

收购者以筹集到的资金，购入被收购公司的期望份额的股份。

第四步，整改。

对并购的目标企业进行整改，获得并购时所形成负债的现金流量，以降低债务风险。

第五章 资本运作：企业上市前资本运作模式

战略联盟模式

战略联盟是指两个或两个以上实力对等的企业，为了达到共同拥有市场、共同使用资源等战略目标，通过各种契约结成优势相长、风险共担、要素双向或多向流动的松散型网络组织。

传统的战略联盟类型

根据构成联盟的合伙各方面相互学习转移，共同创造知识的程度不同，传统的战略联盟可以分为两种，即产品联盟和知识联盟。

1. 产品联盟

采用这种联盟方式，不仅可以帮助公司抓住时机，保护自身；还可以通过与世界其他伙伴的合作，快速、大量地卖掉产品，收回资金。例如，在医药行业，就可以看到产品联盟的典型。

制药业务的两端（研究开发和经销）代表了格外高的固定成本，为了降低成本，一般会采取产品联盟的形式，即竞争对手或潜在竞争对手之间相互经销具有竞争特征的产品。在这种合作关系中，短期的经济利益是最大的出发点。

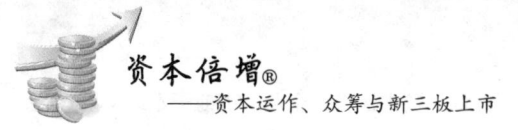

2. 知识联盟

知识联盟的目标是学习和创造知识，是企业发展核心能力的重要途径。采用这种方式，不仅有助于学习另一个公司的专业能力；还有助于两个公司的专业能力优势互补，并创造出新的交叉知识。

与产业联盟相比，知识联盟具有以下三个特征：第一，联盟各方合作更紧密。如果想学习、创造和加强专业能力，每个公司的员工都必须在一起紧密合作。第二，参与者范围更为广泛，企业与经销商、供应商、大学实验室都可以形成知识联盟。第三，可以形成强大的战略潜能，可以帮一个公司扩展和改善它的基本能力，可以从战略上更新核心能力或创建新的核心能力。

此外，在资本运营的实际操作中，除了上面阐述的几种形式或组合外，还可以借鉴国外上市公司资产重组的经验，大胆探索各种有效的运作方法，进一步加大资本运营的广度和深度。

战略联盟的形式

战略联盟的形式主要有以下几种：

1. 合资

所谓合资就是由两家或两家以上的企业共同出资、共担风险、共享收益而形成企业，是当前发展中国家尤其是亚非等地普遍的形式。合作各方将各自的优势资源投入到合资企业中，可以发挥出单独一家企业所不能发挥的效益。

2. 研发协议

为了某种新产品或新技术，合作各方鉴定一个联发协议。有了研发协议，就可以将各方的优势汇集在一起，从而大大提高成功的可能性，加快开发速度；各方共担开发费用，也就降低了各方开发费用和风险。

3. 定牌生产

如果 A 公司有知名品牌，可是生产力不足，B 公司则有剩余生产能力。那么，B 公司可以为对方定牌生产，A 公司便可以充分利用闲置生产能力谋取一定利益。对于拥有品牌的一方，还可以降低投资或并购所生产的风险。

4. 特许经营

具有重要无形资产的公司，与其他各方签署特许协议，允许其使用自身品牌、专利或专用技术，而形成一种战略联盟，这就是特许经营。使用这种方式，拥有方不仅可以获取收益，还可以利用规模优势加强无形资产的维护；受许可方则有利于扩大销售、谋取收益。

5. 相互持股

为了加强相互联系，合作各方持有对方一定数量的股份，就是所谓的互相持股。在这种战略联盟中，各方的关系相对更加紧密，而双方的人员、资产无须全并。组建战略联盟的时候，不仅要慎重选择合作伙伴，还要建立合理的组织关系，合作各方更要加强沟通。

组成战略联盟需要把握的要点

战略联盟具有非常显著的优势，如快速性、互补性、低成本、成效大等，它是一个相对比较容易实施的策略。当然，有以下几点也是需要把握的。

（1）订立联盟策略。在合适的时候，找到自己企业的竞争优势和劣势，制定相关的策略。

（2）选择合作伙伴。要适合本公司的情况，有时候并不是越大越好，而是适合自己最重要。

（3）建立联盟结构与管理制度。同策略联盟伙伴制定一个权利和义务的协定和协商制度，对于战略联盟合约的履行至关重要。

（4）订立终止联盟计划。在开始的时候，就应该考虑善始善终。

第六章

众筹模式：投资新理念，财富新生活

众筹由发起人、跟投人与平台构成，向群众募资，以支持个人或组织发起的行为，具有低门槛、多样性、依靠大众力量、注重创意的特征。中国的众筹主要有债权众筹、股权众筹、回报众筹和捐赠众筹四种模式。中国众筹要想取得成功，必须搭建依托标准、建立信任、提供保障的众筹模式。

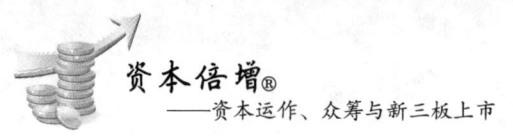

众筹商业模式的优势及其构建

作为一种商业模式,众筹最早起源于美国,距今已有 10 多年的历史了。近几年,在欧美国家,其发展速度不断加快,在欧美以外的国家和地区也迅速传播开来。目前,无论是国外还是国内,文化创意产业融资都是众筹商业平台起步的主要内容。

2012 年 12 月 27 日,美国福布斯网站发布一项报告,该报告预测:2013 年,全球众筹平台的筹资总额将会达到 60 亿美元;至 2013 年第二季度,全球众筹平台将增至 1500 家。未来,众筹模式将会成为项目融资的主要方式。

 **众筹商业模式的优势**

众筹商业模式有以下两方面的显著优势:

1. 可以降低融资门槛,有效促进微创业

所谓微创业是指使用微小的成本,以微平台或网络平台为重要载体,在细微的领域进行创意开发的创业活动。其主要特点是:可以批量复制、投资微小、产生效益快。

微创业是缓解当前我国大学生就业压力的有效途径之一。可是，在目前金融管制的大背景下，民间的融资渠道不畅、融资成本较高等问题阻碍了微创业的发展；而众筹是一种更大众化的融资方式，为微创业者提供了获得成本更低、更快捷资金的可能，可以很好地解决"融资难"问题。

项目发起人通过众筹平台把大众的微小资金汇集，可以获得从事某项创业活动的资金，这样就突破了传统融资模式的束缚。投资人也可以参与项目的策划、咨询、管理与运营，只要具有一定的资金能力、管理经验和专业技能就可以。这种依托众筹平台的微创业活动，不仅实现了"众人集资、集思广益、风险共担"的众筹理念，还积累了丰富的经验和广泛的人脉。

2. 可以激发"草根"创新，拉近生产者与消费者的距离

众筹模式不仅是一种投融资活动，更是一种创新模式，可以激发"草根"的创新。

互联网的技术特征和商业民主化进程决定了"草根"创新时代的到来，每个人都可以发挥自身的创新与研发能力，借助社会资源把自己的创意变为现实的产品，而众筹模式就为每个"草根"创新者提供了获取资金、市场和人脉等重要资源的平台。

不同的投资人因为有着不同的专业背景和不同的价值观，可以直接对项目提出自己的观点和意见；项目发起人则会认真评估并进一步完善方案……在互动中，双方的距离就会拉近，可以极大地降低产品的市场风险。

众筹商业模式的构建

从某种意义来说，众筹是一种 Web 3.0，可以让社交网络与

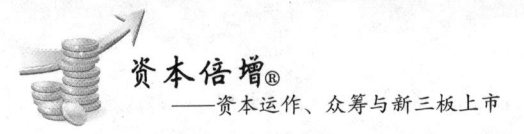

"多数人资助少数人"的募资方式交叉相遇,通过P2P或P2B平台的协议机制来使不同个体融资筹款。

构建众筹商业模式的主体包括项目发起人(筹资人)、公众(出资人)和中介机构(众筹平台)。

1. 项目发起人

通常是需要解决资金问题的创意者或小微企业的创业者,也有个别企业为了加强与用户的交流和体验以项目发起人的身份号召公众介入产品的研发、试制和推广,以期获得更好的市场响应。

项目是具有明确目标的、可以完成的且具有具体完成时间的非公益活动;项目发起人必须具备一定的条件,如国籍、年龄、银行账户、资质和学历等;必须拥有项目100%的自主权,不受控制,完全自主;项目发起人要与中介机构(众筹平台)签订合约,来保障双方的权利和义务。

2. 公众

公众是数量庞大的互联网用户,他们利用在线支付方式对自己感兴趣的创意项目进行小额投资,每个出资人也就成了"天使投资人"。

公众所投资的项目成功实现后,对于出资人的回报不是资金回报,可能是一个产品样品,如一块Pebble手表;也可能是一场演唱会的门票或是一张唱片。

出资人资助创意者的过程就是其消费资金前移的过程,这样既可以提高生产和销售等环节的效率,生产出原本依靠传统投融资模式而无法推出的新产品;也可以满足出资人作为用户的小众化、细致化和个性化消费的需求。

3. 中介机构

中介机构，既是众筹平台的搭建者，又是项目发起人的监督者和辅导者，还是出资人的利益维护者。因此，中介机构（众筹平台）的功能复杂、责任重大。

首先，众筹平台要拥有网络技术的支持，根据相关法律法规，采用虚拟运作的方式，将项目发起人的创意和融资需求信息发布在虚拟的空间里。因此，在项目上线之前，要进行细致的实名审核，并且要确保项目内容完整、可执行和有价值，还要确定没有违反项目准则和要求。

其次，在项目筹资成功后，要监督、辅导和促进项目顺利展开。

最后，当项目无法执行时，众筹平台有责任和义务督促项目发起人退款给出资人。

众筹如何筹人、筹智、筹资源

在中国,继余额宝、P2P之后,众筹已经进入到"跑马圈地"的狂热时代!众筹,"筹"什么?筹人、筹智、筹资源!

众筹,首先就是筹人

1. 所有的众筹,一定是筹人

众筹,第一是筹人;第二是筹智;第三是筹谋;第四是筹道;最后才是筹钱。八八众筹创始人、中国风口会发起人何丰源开玩笑说,一切不以筹人为目的的众筹都是"耍流氓"!一句话说明了众筹的本质。

人与人之间的相处,不是单纯的买卖关系,而是一种互助和支持的关系,相互点赞的关系,这也是交互时代的本质。一切都是人的关系,没有需求,只有追求;没有广告,只有话题;没有营销,只有关系;没有门店,只有体验。一切的商业活动都是围绕人而展开的。

2. 人是一切经济的根本

互联网技术的发展改变了人与人之间的关系，独立经济人和经济组织在信息技术的先导之下实现了新一轮的汇聚。人是首要的，众筹的核心价值在于将散落在独立经济人手中的消费资源和生产资源配置给需要的人。

 众筹筹智，众"智"成城

采用众筹理念和模式，找到一批志同道合的人，集思广益，众人合力进行智慧激荡，很容易实现目标。

一个好的项目浮出水面后，首先做的是找一群志同道合、有共同价值判断和优势互补的人在一起；然后，展开"头脑风暴"，挖掘出各自对项目的真知灼见，集体评估项目的可行性，把可以预见的问题抛出来做好预备方案；接着，再依据各自的特长进行任务分配，确保项目操作全程各个岗位上有人坚守；最后，评估启动资金，积聚大家的力量筹钱……由此可见，这是一场精英的智力游戏。

众筹的核心在于每个参与者对一个项目的贡献度，智慧、精力等志愿者精神是让项目维系下去的保障。众筹做项目也逃不开90%创业项目都会失败的现实，把它单纯地当成一种投资行为，而且抱有必胜的盲目自信，只会期望越高、失望越大。因此，众筹需要精英的智力作为支撑。

 筹资源可以实现资源价值最大化

众筹的这种资源既可能是人脉、渠道、智慧、场地，也可能是

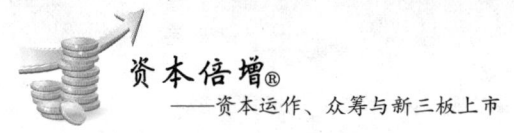

某些行业内鲜为人知的经验、技能、商业规则。

对于一个初创团队来说，资源是稀缺的。在创业初期，人力、物力、资源都处于全面匮乏的状态，自然是能省则省。在传统创业模式下，付出也未必能得到回报。即使你手里的项目再有创意，托关系、拉朋友的各种人力成本也未必能得到利润回报。

可是，借助众筹方式，通过视频、图片、文字等多感官的项目策划，通过点对点的融资，就可以降低沟通成本，提高深度沟通的可能性。如此，不仅可以获得融资，还能最大限度地减少项目的宣传推广费用。

综上所述，众筹既是一种思想、一种工具，又是一种方法、一种路径。人类与世界发展的历史，万物互联时代的到来，众筹对每个人与每个行业都产生了重要影响。众筹，通过筹人、筹智、筹资源，可以让人们一起共筹未来，改变世界！

第六章 众筹模式：投资新理念，财富新生活

众筹在中国的四种模式

众筹平台，作为互联网金融的重要组成部分，对接了个人投资者或非金融机构。与它同样属性的还有 P2P 借贷平台。其实，P2P 借贷平台是广义众筹平台的一种。

如今，国际上已经有不少对众筹平台的研究，参照 Massolution 的一份报告，众筹平台可以分为四类，如下图所示。

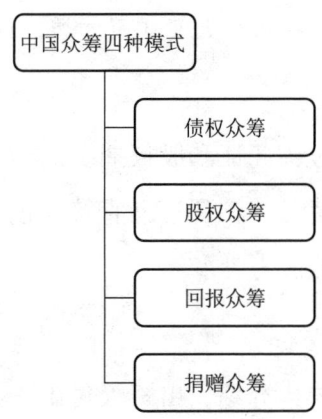

债权众筹

所谓债券众筹就是投资者对项目或公司进行投资,获得一定比例的债权,未来获取利息收益并收回本金。

其实,债权众筹就是P2P借贷平台——多位投资者对人人贷网站上的项目进行投资,按投资比例获得债权,未来获取利息收益并收回本金。

股权众筹

所谓股权众筹就是投资者对项目或公司进行投资,获得一定比例的股权。

如今,根据我国特定的法律、法规和政策,股权众筹运营模式可以分为:凭证式、会籍式和天使式三大类,具体来说:

1. 凭证式众筹

在互联网上,通过买凭证和股权捆绑的形式来进行募资。出资人付出资金取得相关凭证,该凭证又直接与创业企业或项目的股权挂钩,但是投资者不能成为股东。

2. 会籍式众筹

在互联网上通过熟人介绍,出资人付出资金,直接成为被投资企业的股东。

3. 天使式众筹

出资人通过互联网寻找投资企业或项目,付出资金或直接或间接成为该公司的股东，同时出资人往往伴有明确的财务回报要求。

回报众筹

所谓回报众筹就是投资者对项目或公司进行投资，获得产品或服务。回报众筹一般指的是预售类的众筹项目，团购也包括在此范畴。可是，团购并不是回报众筹的全部，且回报众筹也并不是众筹平台网站的全部。

回报众筹与团购的目的不尽相同，回报众筹主要为了募集运营资金、测试需求，而团购主要是为了提高销售业绩；可是，两者在实际操作时并没有特别清晰的界限，通常团购网站也会搞众筹的预售，同时众筹网站也会发起团购项目。

捐赠众筹

所谓捐赠众筹就是投资者对项目或公司进行无偿捐赠。捐赠众筹平台有以下三种运营方式：

（1）根据《中华人民共和国公益事业捐赠法》，个人向公众募捐是"不合法"的。其实，"不合法"和"违法"中间有一定的灰色地带。例如，腾讯公益有一个项目，就是利用朋友圈的个人关系为需要帮助的人募集捐款。

（2）由捐赠众筹平台根据《基金会管理条例》设公募基金会，代替有资金需求的那一方向公众发起募捐。可是，公募基金会申请门槛较高，难以获批。

（3）微公益模式。由有公募资格的NGO发起、证实并认领，捐赠众筹平台仅充当纯平台作用。腾讯也有类似模式的产品，如腾讯公益下的"乐捐"。

除了公益外，捐赠众筹也有其他的可能，比如一次奢华的旅行、一场美好幸福的婚礼等。当然，在人均可以支配收入较低的中国，这种模式的资金规模将被大量类似"我自己都还不够花"的想法所限制。

从中国众筹的情况来看，一般众筹平台对每个募集项目都会设定一个筹款目标，如果没达到目标钱款将打回投资人账户，有的平台也支持超额募集。

股权众筹操作流程详解

借鉴如今国内外发展较为成熟的股权众筹运作模式，结合我国企业自身特点，构建企业内部股权众筹操作模式、操作流程，需要完善的环节如下。

操作模式

首先，企业通过打造股权众筹平台，协助创业团队发起面向所有员工的股权众筹项目，并将特定自然人或者成员企业设为普通合伙人，其他投资人为有限合伙人，共同成立一个或多个有限合伙企业。

然后，通过上述有限合伙企业对融资企业进行投资，使有限合伙企业代表投资者成为被投企业股权结构中的一名股东，而投资者可以据其在有限合伙企业中的持股比例获得相应的分红或股权溢价的收益。

操作流程

股权众筹整个操作流程可以划分为项目获取和筛选、项目推介和投资、项目投后管理以及项目退出4个阶段，如下图所示。

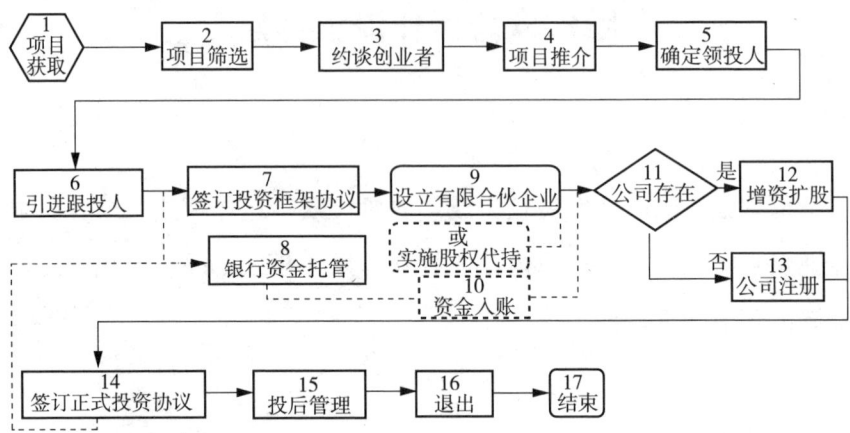

在项目获取和筛选阶段，股权众筹平台需广泛搜集标的项目，并依次通过项目初选、约谈创业团队、尽职调查、估值议价以及投资框架商讨等步骤对标的项目进行系统性、科学性筛选，选出安全性高、投资回报稳定的优质项目。

在项目推介和投资阶段，从线上启动股权众筹，确定领投人和跟投人，协助项目完成融资并根据项目投资总人数成立一个或多个有限合伙企业，让有限合伙企业成为融资企业的股东。

在项目投后管理阶段，企业可以引入内部或外部基金管理公司作为投资管理顾问进入上述有限合伙企业，并代表有限合伙企业对融资企业的日常经营情况搜集汇编、财务规范管理、公司治理结构、未来战略规划、项目再融资等方面提供咨询服务。

在项目退出阶段，投资人可以通过股权转让、融资企业回购、被投企业 IPO 或被兼并收购等方式退出。

需完善的环节

股权众筹投资流程中有几个需要完善的环节：项目展示环节、融后管理环节、领投人制度、投资者风险提示、中途退出机制。

1. 项目展示环节

对于融资企业和众筹平台来说，项目展示环节是非常重要的，它直接影响投资人是否产生认购意向。例如，股权型众筹平台 Crowdcube，专门设置了问答环节，项目发起人在项目展示时会专门指定特定时间段同潜在投资人进行在线问答，有利于双方直接沟通。

2. 融后管理

目前，国内很多众筹平台都采用类似"大家投"的运作模式。可是，后期领投人投资企业过多，精力有限，不可能对所有的企业都进行融后管理，因此就要进行众筹平台代管和专业的第三方股权托管。一方面，众筹平台可以建立专门的融后管理团队，赚取部分收益；另一方面，专业的第三方股权托管公司代行相关职责，能更好地保障很多众筹投资人的利益。

3. 领投人制度

领投人制度是指"领投+跟投"，是目前国内股权众筹主流模式，反映了领投人资质评估的重要性。如今，各大股权众筹平台都纷纷出台了自己的领投人资格审核要求，大多都是从履职经历、投资经历上来进行区分，而更多的是对个人的一些要求。未来，在领投人制度建设方面，一方面要尽可能地引进机构投资人身份，促使平台与天使、VC产生更紧密的联系；另一方面，要强化领投人的专业水平和道德品质，尽可能防止出现领投人欺诈的情况。

4. 投资者风险提示

投资者风险提示主要是基于国内法律、法规缺失而产生的。从未来发展趋势来看，这一块一定会加强。在投资之前，股权众筹平台就要对众筹投资人做出风险提示，其主要风险包括：损失投资额、流动性风险、低概率分红和股权稀释等。

5. 中途退出机制

中途退出机制的建立很有必要，特别是在投资的前1～3年，投资者会因为各种原因拟退出项目投资。一个良好的机制至少应该形成进退皆有序的循环体系，只有这样投资人才会积极地进行认购。

第六章 众筹模式：投资新理念，财富新生活

从3W众筹看中国众筹成功要素

3W是由中国互联网行业领军企业家、创业家、投资人组成的人脉圈层，它是一家公司化运营的组织，其业务包含天使投资、俱乐部、企业公关、会议组织和咖啡厅。

3W咖啡是国内最早最成功的众筹创业咖啡馆。它向社会公众进行资金募集，每个人10股，每股6000元。2012年央视更是对之进行了报道，此举不仅提升了3W咖啡的行业影响力，还助推3W走上了连锁运营模式。短短几年的时间，3W创始人许单单便塑造出一个知名的跨界品牌，开创了咖啡馆的创新经营模式，完美演绎了众筹模式。

为什么3W能够成功

既然众筹模式有多种顾虑和一定的法律风险，为什么3W咖啡能够成功呢？3W的成功道出了中国特色众筹模式的关键：在体制缺失的情况下，3W优先建立游戏规则；在信任不成熟的条件中，3W基于人脉圈和人际圈进行扩散。

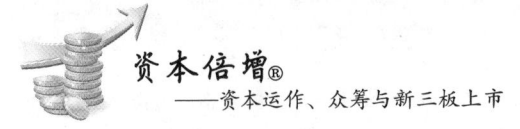

3W 的游戏规则具体如下：

1. 成为股东有条件

并不是所有人都可以成为 3W 的股东，要想成为 3W 的股东必须符合一定的条件。例如，股东应该是比较有影响力的人，能够相互吸引，大家都能够并且愿意遵照游戏规则。

2. 基于熟人或名人交际圈

3W 的股东具有相互吸引力，有了沈南鹏、徐小平、曾李青，就可以吸引很多互联网的创业者；有了互联网创业者，就会吸引更多的投资人。所以，3W 的众筹参与者基本上是围绕着强链接、熟人或名人交际圈进行扩散的，这样就在无形中建立了一种信任场。

3. 充分利用了自媒体

3W 股东招募时，恰逢微博的爆发式增长期，很多知名人士热衷玩微博，而 3W 又主要是通过微博招募原始股东。很多人并不特别在意 6 万元钱，可是，花点小钱却可以结交更多的人脉，来进行业务交流。很快，3W 咖啡便汇集了一大帮知名投资人、创业者、企业高级管理人员，其中包括沈南鹏、徐小平、曾李青等数百位知名人士，股东阵容堪称"华丽"。

4. 股东的价值

3W 在创立之初就承诺给股东价值回报，但这里面淡化了金钱回报，而是提供了一个基于圈子的价值。换言之，3W 为众筹的对象提供了人脉价值、投资机会、交流价值、社交价值、聚会场所等，而这些却是众筹参与者看重的。

中国众筹模式成功的要素

通过对3W众筹模式成功要素的分析可以发现，这种模式要在中国扎根并顺利成长需要解决以下三个基本问题：

1. 形成众筹的参与者标准

如果一个众筹项目没有门槛、没有要求，结果很可能是吸纳了不符合群体主流价值的乌合之众，并把生意或活动搅得乌烟瘴气。众筹模式并不是参与者越多越好，而是合适的参与者越多越好。

2. 融入强链接或强化弱链接

很多众筹都是基于互联网开展的，为了解决信任难题，保障众筹的推进，应该引入强链接，通过引入信任关系来提升众筹参与群体的信任基础。

当然，导入强链接需要召集人有一定的人脉影响力，或者本身的项目具备人脉引爆力。如果不具备这样的条件，就要建立相应的机制，即建立信任体制，如你的承诺是什么，让参与者看得见摸得着的法则是什么，有无信任背书……

3. 建立价值保障体系

众筹模式在于发动公众的力量，要想吸引众人的参与并乐意把钱委托给招募者，发起人一定要建立价值保障体系。这种价值保障并不一定是金钱，可以是独特的价值服务、尊享的荣誉、特别的体验机会等非物质增值激励。这些价值承诺必须是白纸黑字写下来的，并要持续坚守承诺。如果缺乏相应的信任基础，就要约法三章为你的价值承诺保驾护航。

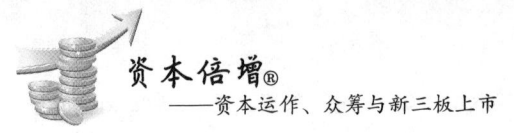

中国众筹的五大发展趋势

2011年众筹模式来到中国，之后一大批众筹网站相继成立并快速发展，互联网金融创新正在改变以往创业投资的传统理念，各类众筹模式的兴起也正日益拓宽大众投资的新兴渠道。

2014年11月19日，李克强总理在国务院常务会议上首次提出，"要建立资本市场小额再融资快速机制，开展股权众筹融资试点"。2014年12月18日，中国证券业协会起草了《私募股权众筹融资管理办法（试行）（征求意见稿）》。监管规则的出台对行业的发展产生了巨大的促进作用，众多有实力的机构加入众筹行业，进一步扩大了众筹市场，点燃众筹创业激情。

此外，国内众筹行业的规范化、阳光化也进一步提升，为众筹行业带来了良好的发展机遇，使我国众筹行业迎来了快速健康的发展时期。从目前的情况来看，中国众筹的未来有以下五大发展趋势。

 **趋势一：众筹平台的垂直化**

互联网巨头BAT面对一个新兴的发展行业，往往采取的策略是

先期进行外围观战，等到这个行业发展成熟并且格局逐渐明晰之后再进行切入收盘，比如现在的团购行业，大浪淘沙之后基本上是BAT各控制一家进行最后决战的局面。

面对众筹行业这样一个"香饽饽"，BAT没有理由不涉及，布局是早晚的事情。所以，已经基本上掌握了互联网用户入口的BAT，势必会在整个行业发展成熟的情况下进行最后的收盘，做一个综合性的众筹平台。如此，独立众筹平台是很难与之抗衡的，要想获得发展，就要进行纵深化发展，在某一领域里做专做精，并建立起足够高的行业门槛。

好在众筹涉及的行业很多，如艺术、影视、文化、科技、游戏、硬件等，并且这些领域的商业模式各不相同，所以独立众筹网站有足够的发展空间。例如，在艺术众筹领域，众筹网就已经开始建立门槛。

2014年修排版的音乐剧《爱上邓丽君》在北京东方剧院驻场演出50场，其门票的发售就是在众筹网用众筹的形式进行的，以最优惠的价格，让更多的邓丽君粉丝和音乐剧爱好者真正体会到这一全新运营模式所带来的便利与实惠。

《爱上邓丽君》通过众筹网实行点对点的项目传播，微信平台和众筹网APP购票，大幅度压缩了经营推广的费用，所节省下来的费用比照民航购票的优惠方法，根据购票时间的不同，可以最低享受6折的大幅优惠。通过众筹平台把全国的市场链接在一起，减少了中间环节，让观众买到的是真正"出厂价"的票。

趋势二：众筹平台的移动化

移动互联网给整个行业带来的显著变化是用户上网入口的改变，

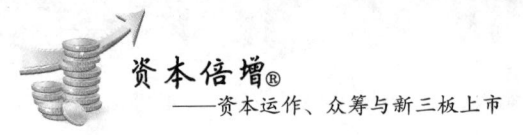

对于众筹网站来说，移动化也是未来必须面对的问题。而且，就众筹这种集资模式来说，移动端的众筹或许还可以带来更大的发展。

目前，有些网站已经开始在这块布局，加快了自己移动客户端的建设。对于众筹网站来说，这些网站必然会成为获得用户芳心的重要平台。

趋势三：众筹的服务功能将被强化

在众筹发展看似一片繁华的背后，依然存在一定的风险。最明显的表现就是，创业者虽然可以利用众筹模式开始自己的创业之路，可是，有了好的开始并不能意味着一定就会有好的结果。也就是说，众筹并不能为这些创业者进行一体化的服务保证其真正发展壮大。

对于创业者来说，拿到启动资金只是创业之路的第一步，后续的创业指导、培训才是至关重要的。尤其是大部分在众筹上创业者的人都是初次创业，市场刚需决定了众筹平台绝不仅仅是一个众筹项目的展示平台，必须是能够给创业者提供整合服务的一体化服务平台。

可喜的是，众筹平台已经认识到了这一点，如众筹网推出的众筹大学就是一个不错的服务展示平台，虽然目前做得还比较浅层。但是我们有理由相信，未来的众筹平台，很可能会在网站后面隐藏着一个类似于"创新工厂"的东西，真正能够体现出众筹的价值。

趋势四：企业众筹助推众筹经济发展

如今，一些大型公司、协会等已经把目光投向了众筹集资。这些团体采用众筹融资，不仅可以为众筹平台吸引额外的资金，还将原本由公司内部做出的决定放到民主的决策平台上。小企业融资难，是一个世界性问题。作为一种新兴的融资方式，众筹完全可以成为小企业融资的一个有益渠道。

趋势五：众筹平台促进慈善化众筹经济的发展

众筹平台，尤其是基于捐赠的众筹和无利息众筹，一直以来都获得了慈善企业的支持。小型企业融资需求量通常都非常小，与众筹平台的供给条件非常匹配，个人捐赠或贷款就可能成为成功融资的契机。对这些企业来说，众筹是宏观经济发展升级的先决条件。

总之，众筹作为互联网金融表现的重要形式之一，在将来必定会不断得到发展和完善，并逐渐成长为我国金融市场一种重要的、行之有效的、形式多样的新型融资方式。作为金融脱媒大背景下的一种创新，虽然它的发展还临各种合规性的问题，可是，众筹必然会在未来的经济发展中占有一席之地，必然会对整个互联网行业甚至国计民生产生颠覆性的影响。

第七章

新三板上市：企业挂牌新三板资本战略规划

企业挂牌新三板的资本战略规划涉及多方面问题，这对企业来说是一个全方位的考验。因此，企业要了解新三板市场的功能，弄懂新三板挂牌上市所需条件，熟悉新三板挂牌上市操作流程，明确新三板挂牌企业法律问题，还要厘清新三板挂牌企业财务问题，把握新三板企业融资操作实务和"蓝海"掘金投资实务等。

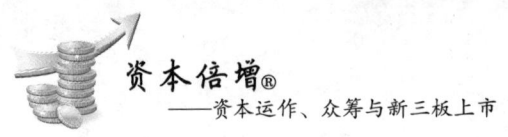

新三板挂牌市场八大功能

从2013年12月国务院发文要求新三板扩容开始,我国中小企业便迎来了加速上市的历史机遇。中国的资本大时代已悄然来临,这种趋势不可以逆转,机会也会稍纵即逝。

新三板挂牌上市具有明显的八大优势,因此中小企业家、创业者应趁早抓住新三板资本市场这张"新船票"。

功能一:新三板具有三大明显优势

新三板的优势体现在以下三个方面:

(1)零门槛与简短的申报流程;

(2)多元化的、灵活的融资方式;

(3)协议、竞价和做市商三种交易方式自由转换。

功能二:新三板为企业提供融资平台

资金是企业存亡的根本,通过融资,企业可以用最少的资本控制最多的资产和业务,从而提高企业的自有资金比例,改进企业的资本结构,提高企业抗风险能力,增强企业发展后劲。

目前,有很多符合国家产业政策、潜力大的高科技企业,因为财务指标和市场规模上的限制,上不了主板资本市场,以致融资困难。而新三板却可以为具有盈利能力、有利润、有规模的中小微企业同样提供一个融资平台,企业通过融资便可以获得更多的低成本资金。

基于中小微企业多元需求,新三板提供了灵活的融资制度,构建起了包括企业股权、债权、优先股等融资工具在内的直接融资体系,将融资方式、融资时点、融资规模、融资过程、融资价格的决定权交给市场,由市场主体自主协商。在市场机制下,随着各路资本竞相进入,新三板市场融资功能必然会日益凸显。

功能三:新三板挂牌提高公司治理水平

中小企业由于自身的特点,在生存和发展的双重压力下,很容易在"人治"的主导下出现不合理、不合规、不合法的行为。

一家企业在没有进入资本市场以前,影响只限于企业本身,可是一旦挂牌新三板,企业在公司治理方面的风险如果爆发,危及的将是广大投资者,包括符合条件的个人投资者,甚至会波及整个新三板市场。

从另一个角度来看,提升新三板挂牌企业的公司治理,本身也是提升整个新三板市场的层次和水平的必然要求。依靠市场的外部监管,企业的提升是被动的、有限的;而企业由内而外地改善公司治理,这种改变是主动的、良性的、可以持续的。企业自身的提升,

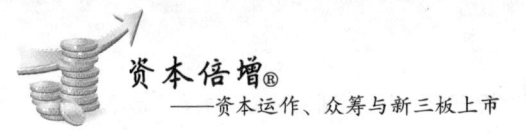

反过来也会促进整个市场的整体提高,吸引更多的企业进入市场。

一旦准备登陆新三板,为了使公司治理和运营得到有效规范,需要包括主办券商、会计师、律师等在内的专业机构给予关注。而这个规范化过程,会使企业管理更加规范、治理结构更加优化、战略目标更加清晰,从而更好地促进企业的管理和健康发展,增强企业的发展后劲,更有利于吸引优秀人才,有利于企业的长远健康发展。

功能四:新三板挂牌为价值投资提供平台

影响企业价值投资的因素主要包括两个:一是净资产;二是股息。

净资产对企业投资价值的意义主要表现为两个方面:第一,净资产对于企业投资价值有很重要的意义,因为它是考核股票投资的安全边际的重要指标之一;第二,净资产不是决定企业投资价值的基本因素。决定企业投资价值的是企业未来的现金流,而不是净资产。

股息是价值投资者实现价值投资盈利的最直接、最重要的手段。企业的预期每股收益直接反映了企业未来的经营业绩和成长性,是评估企业内在投资价值的重要因素,因此其构成影响企业投资价值的重要因素。

功能五:通过监管降低股权投资风险

新三板股权投资在监管下风险大大降低,其监管方,一是主办券商;二是证券业协会。

从主办券商方面来说,新三板挂牌企业需要有主办券商的推荐并持续督导。主办券商推荐企业成功进入新三板并不意味着工作的终结,恰恰相反,挂牌是主办券商工作的起点。挂牌后,主办券商需要对公司进行持续督导服务,开展大量的孵化、培育工作。从主办券商进场到股票挂牌一般需要半年左右,而股票进入主板或创业板,从接受辅导到股票上市一般需要一年半以上的时间。

从证券业协会方面来说,其监管力度和作用更大。如果出现了不理性情况,监管层就要出手降温。例如,蜂拥而至的资金令新三板的市盈率扶摇直上,投资者开始用"市梦率"来进行估值,为了应对这一情况,监管层于2015年4月2日发布温馨提示:新三板投资人在关注投资价值的同时勿忘投资风险,保持理性投资心态。

此外,监管层对于新三板频繁出现的大额标的、大量的反向交易也加大了管理力度。

2015年3月,新三板连续出现多起异常交易,华恒生物更是出现了99999.99元/股的报单,成交价格高达千元。以"中山帮"为代表的投资者,被指进行高价对倒股票交易。这些交易行为不但违反了新三板规则,还干扰了市场秩序和市场价格形成机制,新三板坚决"零容忍"。

2015年4月7日股转系统对其开出罚单,在当天晚上将《关于开展做市业务风险管理自查工作的通知》下发至各主办券商。禁止相关4个账户为期三个月的交易,体现了对违规交易"零容忍"的态度。

功能六:新三板挂牌有利于企业转板

对于我国证券市场来说,转板机制的构建一方面能够实现不同板块之间的互联互通;另一方面能够鼓励更多企业在门槛较低的场外市场先行挂牌,提高资本市场资源配置效率。

2015年初,中国证监会出台《关于证券经营机构参与全国股转系统相关业务有关问题的通知》(以下简称《通知》)支持新三板发展。根据《通知》内容,把不同质地的挂牌公司根据股本、股权分散程度、交易方式等分为不同的层次,如下图所示。

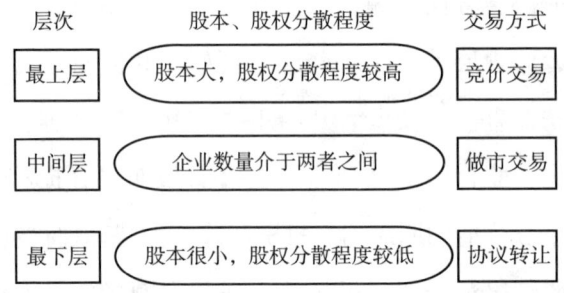

对于大多数想通过新三板实现"转板"目的的企业来说,新三板分层管理制度无疑是个好消息,顶层所采用的竞价交易方式必然会提高企业股份转让的流动性。加上新三板本身兼具融资的灵活性和方便性,且整个挂牌流程所需时间较短、费用较低,相信在不久以后,企业对于在新三板内部不同层级之间,"转层"的需求将远大于"转板"。

功能七:私募股权基金退出的新方式

私募股权基金,是股权投资者中最为特殊的一类主体,其股权投资是从进入到退出的一系列行为。私募股权基金在投资公司股权时就已经将资金将来的退出机制考虑进去,目前常见的退出方式包括上市、并购、回购、清算等。通常并购、回购、清算的周期都较长,相应的风险也较大,而通过IPO的方式退出是私募股权基金获利最大、最乐意接受的方式。

由于私募股权投资期限长、流动性低，投资者为了控制风险都会选择安全有效的退出渠道。新三板融投资市场的运行是私募股权投资退出渠道多样化的体现，其代办股份转让系统受到私募业界期待，成为其新的退出方式。

 功能八：树立企业品牌，增强企业凝聚力

新三板市场聚集了一批优质高成长性高新技术企业，有效地开拓了中小企业的市场。挂牌本身就具有很大的宣传效应，也是一个企业实力的象征，企业的影响力可以借此得到提升。同时，公司内部的员工股权激励方式，还能吸引和留住优秀人才，增强公司凝聚力。

通过在新三板挂牌，可以增强企业公信力、品牌影响力。对内可以提高员工的忠诚度，完善激励机制，稳定和吸引优秀人才；对外可以吸引范围更广、数量更多的投资者，增强核心竞争力。同时，还不会对公司其他业务板块的持续经营运作构成实质性影响，不会影响公司独立上市地位，也不会影响公司持续盈利能力。

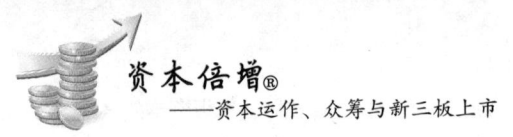

新三板挂牌上市所需条件

挂牌新三板,企业需要满足五项条件:依法设立且存续满两年;业务明确且具有持续经营能力;公司治理机制健全、合法规范经营;股权明晰、股票发行和转让行为合法合规;有主办券商推荐并持续督导。满足这些条件,均可以申请挂牌,并且允许股权未行权的公司进行挂牌。

条件之一:依法设立且存续满两年

《全国中小企业股份转让系统业务规则(试行)》规定的新三板挂牌企业条件有五项,其中第一项是:"依法设立且存续满两年。有限责任公司按原账面净资产值折股整体变更为股份有限公司的,存续时间可以从有限责任公司成立之日起计算。"这是对新三板上市公司主体的要求,换言之,拟上市的企业要采取适当手段合法变更为股份有限公司。

设立股份有限公司有两种方式:发起设立和募集设立。

1. 发起设立

所谓发起设立是指由发起人认购公司应发行的全部股份而设立公司。发起设立股份公司包括两种形式：新设和整体变更。其中，新设是由股东出资从无到有重新设立一个公司；而整体变更是指由原有限公司演变而来，新公司承继原公司的债权债务，符合条件的持续经营时间可以从有限责任公司成立之日起计算。

2. 募集设立

所谓募集设立是指由发起人认购公司应发行股份的一部分，其余股份向社会公开募集或者向特定对象募集而设立公司。与发起设立最大的不同是，募集设立中发起人认购的是发行股份的一部分，剩余部分向社会或特定对象募集，最终募集的资金额度有一定的不确定性。

条件之二：业务明确且具有持续经营能力

《全国中小企业股份转让系统业务规则（试行）》规定的新三板挂牌企业条件的第二项是："业务明确且具有持续经营能力。"

所谓业务明确是指公司能够明确、具体地阐述其经营的业务、产品或服务、用途和其商业模式等信息。公司可以同时经营一种或多种业务，但是，每种业务应具有相应的关键资源要素，该要素组成应具有投入、处理和产出能力，能够与商业合同、收入或成本费用等相匹配。具体内容包括：

（1）公司业务如需主管部门审批，应取得相应的资质、许可或特许经营权等；

（2）公司业务须遵守法律、行政法规和规章的规定，符合国家产业政策以及环保、质量、安全等要求。

持续经营能力是指公司基于报告期内的生产经营状况，在可以预见的将来，有能力按照既定目标持续经营下去。优秀的持续盈利能力至少具有以下几个方面要素：

（1）朝阳产业，符合国家产业政策和人类的可以持续发展；

（2）具有经营所需的必备资源要素；

（3）具有优秀领导团队和核心人员；

（4）在一定时期内，具有稳定增长性。

持续盈利能力是一个企业核心竞争力的体现。企业以此自查，形成多元化的企业融资渠道，以此才能够发现自身经营状况的弊端，从而使经营者能够有的放矢地提升自身竞争力；公众据以审查，并能够判断企业的投资价值，从而挖掘到具有真正投资价值的企业。

条件之三：公司治理机制健全，合法规范经营

《全国中小企业股份转让系统业务规则（试行）》规定的新三板挂牌企业条件的第三项是："公司治理机制健全，合法规范经营。"

公司治理机制健全是指公司按规定建立由股东大会、董事会、监事会和高级管理层（以下简称"三会一层"）组成的公司治理架构，制定相应的公司治理制度，并能证明有效运行，保护股东权益。具体内容包括：

（1）公司依法建立"三会一层"，并按照《公司法》《非上市公众公司监督管理办法》和《非上市公众公司监管指引第3号——章程必备条款》等规定建立公司治理制度；

（2）公司"三会一层"应按照公司治理制度进行规范运作。在报告期内的有限公司阶段应遵守《公司法》的相关规定；

（3）董事会应对报告期内公司治理机制执行情况进行讨论、评估。

合法合规经营是指公司及其控股股东、实际控制人、董事、监事、高级管理人员须依法开展经营活动，经营行为合法、合规，不存在重大违法违规行为。具体内容包括：

（1）公司的重大违法违规行为是指公司最近24个月内违反国家法律、行政法规、规章的行为，受到刑事处罚或适用重大违法违规情形的行政处罚。

（2）控股股东、实际控制人合法合规，最近24个月内不存在涉及以下情形的重大违法违规行为：

①控股股东、实际控股人受刑事处罚；

②受到与公司规范经营相关的行政处罚，且情节严重；情节严重的界定参照前述规定；

③涉嫌犯罪被司法机关立案侦查，尚未有明确结论意见。

（3）现任董事、监事和高级管理人员应具备和遵守《公司法》规定的任职资格和义务，不应存在最近24个月内受到中国证监会行政处罚或者被采取证券市场禁入措施的情形。

（4）公司报告期内不应存在股东包括控股股东、实际控制人和其关联方占用公司资金、资产或其他资源的情形。

（5）公司应设有独立财务部门进行独立的财务会计核算，相关会计政策能如果实反映企业财务状况、经营成果和现金流量。

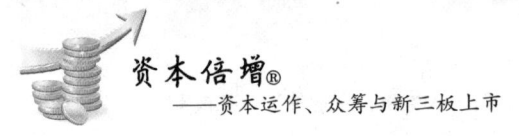

条件之四：股权明晰，股票发行和转让行为合法合规

《全国中小企业股份转让系统业务规则（试行）》规定的新三板挂牌企业条件第四项规定是："股权明晰，股票发行和转让行为合法合规。"

所谓股权明晰是指公司的股权结构清晰、权属分明、真实确定、合法合规，股东特别是控股股东、实际控制人和其关联股东或实际支配的股东持有公司的股份不存在权属争议或潜在纠纷，具体内容包括：

（1）公司的股东不存在国家法律、法规、规章和规范性文件规定不适宜担任股东的情形；

（2）申请挂牌前存在国有股权转让的情形，应遵守国资管理规定；

（3）申请挂牌前外商投资企业的股权转让应遵守商务部门的规定。

股票发行和转让合法合规是指公司的股票发行和转让依法履行必要内部决议、外部审批（如果有）程序，股票转让须符合限售的规定。具体内容包括：

（1）公司股票发行和转让行为合法合规，不存在下列情形：最近36个月内未经法定机关核准，擅自公开或者变相公开发行过证券；违法行为虽然发生在36个月前，目前仍处于持续状态，但《非上市公众公司监督管理办法》实施前形成的股东超二百人的股份有限公司经中国证监会确认的除外；

（2）公司股票限售安排应符合《公司法》和《全国中小企业股

份转让系统业务规则（试行）》的有关规定；

（3）在区域股权市场和其他交易市场进行权益转让的公司，申请股票在全国股份转让系统挂牌前的发行和转让等行为应合法合规；

（4）公司的控股子公司或纳入合并报表的其他企业的发行和转让行为需符合本指引的规定。

条件之五：主办券商推荐并持续督导

《全国中小企业股份转让系统业务规则（试行）》规定的新三板挂牌企业条件的第五项是："主办券商推荐并持续督导。"

主办券商需要在公司挂牌期间履行持续督导义务，概括来说主要包括以下六方面的工作内容：

（1）指导和督促挂牌公司规范履行信息披露义务，对其信息披露文件进行事前审查；

（2）指导和督促挂牌公司完善治理机制，提高规范运作水平；

（3）对挂牌公司董事、监事、高级管理人员和其他信息披露义务人进行培训；

（4）对挂牌公司信息披露和公司治理情况进行现场检查；

（5）在发现挂牌公司存在不规范行为时，及时向全国股份转让系统公司报告，并视情况发布风险警示公告。全国股份转让系统公司将发布主办券商持续督导工作指引，明确和细化主办券商持续督导职责；

（6）对挂牌公司进行持续督导，其工作内容包括两项：发挥市场的培育功能，帮助挂牌公司尽快熟悉资本市场，为其持续发展奠

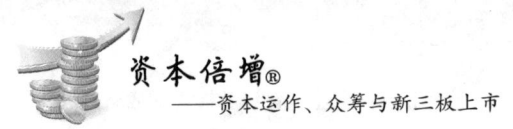

定基础；主办券商通过持续督导可以优先为挂牌公司提供融资、做市、并购重组等资本市场服务，建立主办券商权责利相统一的市场化激励约束机制，从而促使主办券商推荐有发展潜力的企业挂牌，与中小企业共成长。

第七章 新三板上市：企业挂牌新三板资本战略规划

新三板挂牌上市操作流程

公司从开始决定进入新三板到最终成功挂牌，中间需要经过一系列的环节，概括起来可以分为三个阶段：决策改制阶段、材料制作阶段和登记挂牌结算阶段。各个阶段工作的内容与要求各有不同，只有严格操作，才能顺利挂牌上市。

决策改制阶段操作流程

公司决策改制后，其操作流程分为三个环节：准备环节、操作环节和收尾环节。

1. 准备环节

改制准备环节工作主要包括以下四方面的内容：

（1）企业选定并聘请证券公司、会计师事务所、律师事务所、资产评估机构（如需）等中介机构并签订相关协议。

（2）证券公司、会计师事务所、律师事务所等中介机构对企业进行前期尽职调查，发现企业在历史经营中存在的不规范问题，判断企业经营的持续性、独立性，分析企业是否存在重大法律、财务、

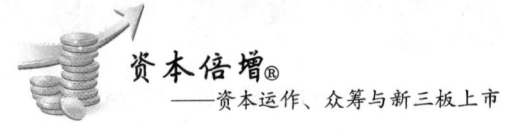

税务风险，分析企业是否存在影响改制目标实现的其他问题。

（3）各中介机构根据前期调查发现的问题提出建议，召开协调会，与企业的实际控制人、控股股东、高级管理人员充分沟通，在此基础上制定改制方案和工作时间表。

（4）证券公司牵头协调企业和各个中介机构改制工作的节奏，落实改制方案，推动解决前期调查发现的问题，总体把握企业是否达到改制的目标和原则要求；帮助企业建立健全公司治理结构；指导企业建立和完善各项内部控制制度。

2. 操作环节

改制具体操环节工作主要包括以下内容：

（1）有限责任公司召开董事会，决议聘请中介机构，启动股份制改造工作。如果有限公司没有董事会（只设执行董事），执行董事需要就启动股份制改造提交工作报告。

（2）公司办理变更名称预核准。

（3）会计师事务所对企业会计报表进行审计，出具《审计报告》。

（4）资产评估机构对公司改制基准日的净资产值进行评估，如需要，则出具《资产评估报告》。

（5）有限责任公司召开股东会，审议改制方案，就整体折股方案、出资方式、出资比例、变更公司类型等事项做出决议。

（6）签订发起人协议，发出召开股份公司创立大会暨第一次临时股东大会的通知。

（7）中介机构进行验资，出具《验资报告》（如需要）。律师事务所协助公司制作《股份有限公司章程（草案）》和"三会"议事规则、《关联交易管理办法》等规章制度。

（8）召开职工大会选举职工监事和职工董事（如需要）。

（9）召开创立大会暨第一届临时股东大会，审议发起人关于公司股份改制情况的报告，通过公司章程，选举董事会成员和监事会成员等。

3. 收尾环节

改制收尾环节主要应做好后续工作。主要工作如下：

（1）制作股份公司公章，变更相关证照、账户名称，办理相关资产和资质过户手续。

（2）通知客户、供应商、债权债务人等利益相关人公司改制更名事宜。公司取得股份公司《企业法人营业执照》后，应及时将公司改制更名事宜告知客户、供应商、债权债务人等利益相关人，以保障公司对外账务往来、订立合同、收开发票等业务往来顺利进行。

（3）制定、修改企业内部规章制度，完善公司治理和内部控制。

材料制作阶段操作流程

全国股份转让系统公司对申报文件的制作要求详见《全国中小企业股份转让系统挂牌申请文件内容与格式指引（试行）》（以下称"指引"）要求：

（1）申请文件需为原件，不能提供原件的，需要律师鉴定并予以证明，并保证与原件一致。

（2）申请文件所有需要签名之处，均应为签名人亲笔签名，不得以名章、签名章等代替。

（3）申请文件应有企业、券商以及其他中介机构的联系人，申请文件章与章之间、章与节之间应有明显的分隔标识，文件中的页

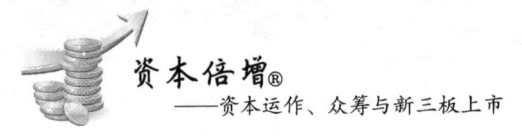

码应与目录中的页码相符。

同时，主办券商在申报时也应按照全国股份转让系统发布的《全国中小企业股份转让系统申请材料接收须知》《关于做好申请材料接收工作有关注意事项的通知》以及电子化报送有关问题的通知要求进行申报。

登记挂牌结算操作流程

登记挂牌结算操作流程是拟新三板挂牌上市企业的最后一道流程，由登记操作流程、挂牌操作流程和结算操作流程三个部分组成。

1. 登记操作流程

在登记过程中，公司需与中国证券登记结算有限责任公司深圳分公司签订《股份登记和服务协议》，办理全部股份的集中登记。

拟挂牌公司股东初始登记的股份托管在主办券商处。涉及定向发行的，一定要向定向发行的工商部门变更完再去登记。取得股份登记确认函后要立刻传真、扫描给股转公司。

公司控股股东和实际控制人挂牌前直接或间接持有的股份分三批进入系统转让，每批进入的数量均为其所持股份的三分之一。进入的时间分别为挂牌之日、挂牌期满一年和挂牌期满两年。

2. 挂牌操作流程

在挂牌过程中，公司在新三板挂牌后应按照规定按时披露年度报告、半年度报告和临时报告。主办券商对所推荐的公司信息披露负有持续督导的职责。

综观来看，企业在新三板挂牌较公司在主板、创业板上市相比周期较短。通常意义上讲，如果拟挂牌企业需进行股改的，大约需要两三个月；主办券商进场尽职调查和内核大约一两个月；协会审查（包括反馈时间）需要两个月；经协会核准后可以进行股份登记挂牌，全部流程预计需要半年左右的时间。

当然，如果企业自身因存在法律或财务等某方面的障碍需要整改，前述时间会随着整改进度而有所调整。

3. 结算操作流程

在结算过程中，原则上，拟挂牌上市新三板企业要直接向中国证券登记结算有限责任公司（以下简称"中国结算"）申请。作为共同对手方，为股票转让提供清算和交收服务；或不作为共同对手方，提供其他清算、交收等服务。

在办理初始登记业务前，拟挂牌公司应首先获得股转公司出具的同意挂牌函、证券简称和证券代码的通知以及股票初始登记明细表。

准备好以上材料后，拟挂牌公司应及时和北京分公司相关业务人员取得联系，索取《证券登记和服务协议》，及时签订并将原件送交中国结算北京分公司；然后方可申请办理股份初始登记事宜。发行人在办理股票发行新增股份登记等业务时，如果事前已签订上述协议，则无须再签订。

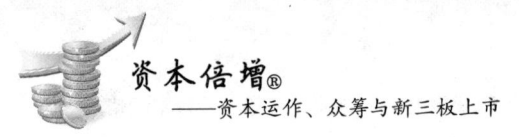

新三板挂牌企业法律问题

新三板大局初开,所以各方面更需要规范。在实务中,对于主体资格相关法律问题、无形资产出资引发的风险问题等,国家出台了一系列法律法规,企业法务工作者也为此做出了积极的努力,推动新三板市场步入良性发展轨道。

 新三板主体资格法律认定相关问题

主体资格问题与公司治理有着密切的关系,如果无法妥善解决这些问题,必然会严重影响企业新三板挂牌的进程。而在主体资格的相关法律问题中,股东二百人上限和股份代持问题又显得尤为醒目。

股份有限公司股东二百人上限问题,是公司与资本市场领域中的重要问题。我国《公司法》明确要求,股份公司股东人数应为两人以上、二百人以下。《证券法》明确规定"向特定对象发行证券累计超过二百人的"属于公开发行,需依法报经中国证监会核准。而对于现实中在挂牌前股东人数已经超过二百人的企业的挂牌问题,

证监会也专门做出了规定：对于股东人数已经超过二百人的未上市股份有限公司，符合一定条件的，可以申请公开发行并在新三板公开挂牌转让。

股份代持又称股权代持、委托持股、隐名投资或假名出资，是指实际出资人与他人约定，以他人名义代实际出资人履行股东权利义务的一种股权处置方式。2011年发布的"《公司法》司法解释三"第二十五条规定：有限责任公司的实际出资人与名义出资人订立合同，约定由实际出资人出资并享有投资权益，以名义出资人为名义股东，实际出资人与名义股东对该合同效力发生争议的，如无合同法第五十二条规定的情形，人民法院应当认定该合同有效。对于公司挂牌时存在的股份代持，证监会和股转公司的态度是明确的，即不允许存在代持。

如何清理股权转让过程中的股份代持

股权代持又称委托持股、隐名投资或假名出资，指的是实际出资人与他人约定，以他人名义代实际出资人履行股东权利和义务的一种股权或股份处置方式。

股权转让过程中的代持可能隐藏违法犯罪，滋生腐败，因此挂牌公司在挂牌前应该进行彻底清理。通常的做法是先确认实际出资人与股权代持人之间的委托代持关系，然后将该委托关系解除，即解除实际出资人与股权代持人签订的《委托持股协议》，随后由股权代持人通过股权转让或股权赠予的方式将股权归至实际出资人名下，并体现到股东名册、公司章程和工商备案文件中，从而彻底解决股权代持问题。

这些措施可以总结为以下三条：一是解除代持关系，由实际出资人担任名义股东，并由实际出资人和原名义出资人出具承诺函，承诺代持问题已完全解决，今后出现任何问题由双方承担连带责任，与公司无关。二是通过股权转让，使名义出资人成为实际出资人。三是请求司法确认。针对可能出现的纠纷，可以依据最高人民法院关于适用《中华人民共和国公司法》若干问题的规定（三）的有关规定，提前通过法院判决的方式，在挂牌前就真实股东的身份予以确认。

需要注意的是，在采用股权转让的方式清理股权代持的问题时，一定要重视股权转让的价格。股权转让方不仅要确保股权转让价的公允性、真实性，还要关注股权转让所涉及的税务问题。因此，如果企业有挂牌的预期，就不要作股权代持的安排。如果出于股权激励等原因必须进行股权代持安排，一定要提前与当事人各方签订明确的书面协议；同时，还要在申报材料前解决股权代持的问题。

力避无形资产出资引发的风险

挂牌新三板对企业无形资产出资的要求有以下四个：

（1）用作出资的无形资产应权属清晰，不存在权利限制；

（2）用作出资的无形资产价值不存在高估或者对公司无价值等情形；

（3）无形资产出资程序符合法律法规的规定；

（4）无形资产出资额占公司注册资本的比例不得超出法律法规规定的限额。

结合挂牌新三板对企业无形资产出资的要求，以及实践中容易遇到的相关问题，拟挂牌新三板企业无形资产出资问题主要有：无形资产的产权归属或权利瑕疵问题、无形资产价值评估问题、出资程序瑕疵问题、无形资产出资比例过高的问题等。

当然，这些情形并不能穷尽企业在新三板挂牌时无形资产出资方面面临的问题，而且相关问题可能同时出现或者多样化，实际要比这个复杂得多。如果企业拟在新三板挂牌，就要尽早借助专业机构的力量，对无形资产出资问题进行合法化和规范化，使企业在设立之初就处于规范运营的轨道上，为新三板挂牌奠定良好的基础。

规避关联交易和同业竞争

所谓关联交易，是指公司或是其附属公司与在本公司直接或间接占有权益、存在利害关系的关联方之间所进行的交易。关联方包括自然人和法人，主要指上市公司的发起人、主要股东、董事、监事、高级行政管理人员和他们的家属，以及上述各方所控股的公司。

同业竞争是指发行人的控股股东、实际控制人和其控制的其他企业从事与发行人相同、相似的业务，从而使双方构成或可能构成直接或间接的竞争关系。

对于挂牌新三板的企业来讲，关联交易是黄线，要规范；同业竞争是红线，不能碰。如果这两个问题解决不好，会使监管部门对企业的持续经营能力做出消极的判断。因为，在新三板尽职调查事项中，监管层是非常重视关联交易及同业竞争问题的，主张避免同业竞争，减少和规范关联交易。

外商投资企业股改相关法律问题

外商投资企业隶属于中国企业，所以受中国法律的管辖和保护，

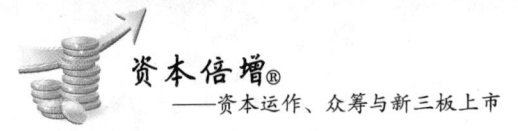

其申请在股转系统挂牌的程序与普通中国企业也没什么区别。可是，在外商投资企业的股改上，其改制成立股份有限公司的要求要比普通中国企业严格得多。

在进入场外市场挂牌过程中，有很多不确定或无法明确适用法律法规的问题，让外资投资企业处于法律适用混乱的状态。2014年3月1日，新修订的《公司法》正式生效实施，外商投资企业如何适用法律的问题将更加凸显。相信主管部门会适时进行梳理，颁布相应的法律法规进行明确规定，尽量杜绝因地方主管部门理解不一致而造成的执行标准不统一的现象。

第七章 新三板上市：企业挂牌新三板资本战略规划

新三板挂牌企业财务问题

备战新三板必须重视财务问题，其主要内容有：挂牌企业的基本财务要求、挂牌企业财务文件相关知识、挂牌企业涉及的会计政策、挂牌企业财务核算办法、挂牌企业税务问题、挂牌企业财务制度规范等，这些都需要企业提前关注并解决。

新三板挂牌企业的基本财务要求

公司挂牌上市新三板是一项复杂的系统工程，所以需要在各个方面满足挂牌上市的规范要求，而财务问题往往直接关乎成败。挂牌企业的基本财务要求有以下八项指标：

（1）公司应设有独立财务部门进行独立的财务会计核算，相关会计政策能如实反映企业财务状况、经营成果和现金流量；

（2）不存在金额和比例悬殊的内外账体系；

（3）成本、费用能够准确地核算，收入与成本费用相匹配；

（4）不存在大额的累计未弥补亏损；

（5）最近一年注册资本和净资产值均不低于500万元；

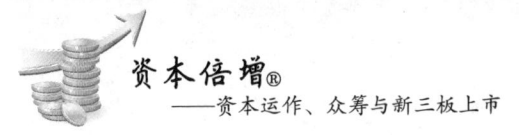

(6) 最近一年营业收入不低于 1000 万元；

(7) 最近一年净利润不低于 200 万元；

(8) 对于成长性较快的企业或其他技术领先的优秀潜力型企业，可以适当放宽财务指标条件。

新三板挂牌企业财务报表相关知识

1. 财务报表

财务报表是对企业财务状况、经营成果和现金流量的结构性表述。为了更好地服务于企业，提升审查服务理念，避免企业集中申报，新三板不强制要求最近一期财务报表必须以季度、半年度或者年度报表为期，可以任意月度报表为期。财务报表有效期为最近一期审计截止日后 6 个月内，特殊情况下可以申请延长至多不超过 1 个月；特殊情况主要是指企业办理信息披露、股份登记等挂牌手续事宜。

一套完整的财务报表至少应当包括资产负债表、利润表、现金流量表、所有者权益（或股东权益，下同）变动表以及附注。

2. 资产负债表

资产负债表反映的是企业资产、负债和资本的期末状况及长期偿债能力、短期偿债能力和利润分配能力等。

其各项目的填列大致要求是：年初数字的填列报表中的"年初数"栏内各项数字，要根据上年末资产负债表"期末数"栏内所列数字填列；如果本年度资产负债表各个项目的名称和内容同上年度不相一致，则应对上年末资产负债表各项目的名称和数字按照本年度的口径进行调整，填入报表中的"年初数"栏内。

3. 投资者利用资产负债表

投资者利用资产负债表的资料，可以看出公司资产的分布状态、负债和所有者权益的构成情况，据以评价公司资金营运、财务结构是否正常、合理；分析公司的流动性或变现能力，以及长、短期债务数量和偿债能力，评价公司承担风险的能力；利用该表提供的资料还有助于计算公司的获利能力，评价公司的经营绩效。

4. 利润表

利润表（或称损益表）反映的是本期企业收入、费用和应该记入当期利润的利得和损失的金额和结构情况。利润表依据"收入－费用＝利润"来编制，主要反映了一定时期内公司的营业收入减去营业支出之后的净收益。通过利润表，投资者可以对上市公司的经营业绩、管理的成功程度做出评估，从而评价投资者的投资价值和报酬。

利润表包括以下两个方面：

（1）反映公司的收入和费用，说明公司在一定时期内的利润或亏损数额，据以分析公司的经济效益和盈利能力，评价公司的管理业绩。

（2）反映公司财务成果的来源，说明公司的各种利润来源在利润总额中占的比例，以及这些来源之间的关系。

5. 现金流量

现金流量反映了企业现金流量的来龙去脉，主要分为经营活动、投资活动和筹资活动三部分。这里的现金不仅指公司在财会部门保险柜里的现钞，还包括银行存款、短期证券投资、其他货币资金。

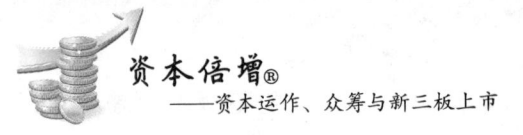

现金流量表可以告诉我们公司经营活动、投资活动和筹资活动所产生的现金收支活动，以及现金流量净增加额，这样有助于分析公司的变现能力和支付能力，把握公司的生存能力、发展能力和适应市场变化的能力。

6. 所有者权益表

所有者权益表反映了本期企业所有者权益（股东权益）总量的增减变动情况，还包括结构变动的情况，特别是要反映直接记入所有者权益的利得和损失。其各项目均需填列"本年金额"和"上年金额"两栏。

7. 财务报表

财务报表附注一般包括以下项目：企业的基本情况、财务报表编制基础、遵循企业会计准则的声明、重要会计政策和会计估计、会计政策和会计估计变更和差错更正的说明、重要报表项目的说明；其他需要说明的重要事项，如或有和承诺事项、资产负债表日后非调整事项、关联方关系及其交易等。

同时，应当在财务报表附注中说明该无形资产的有关情况，包括是否具有合同或法律规定、能否自市场上取得相关信息等。

新三板挂牌企业涉及的会计政策

会计政策是指企业进行会计核算和编制会计报表时所采用的具体原则、方法和程序。

拟挂牌新三板企业在适用会计政策方面的常见问题主要有：

（1）错误和不当适用。比如，收入确认方法模糊，资产减值准备计提不合规，长短期投资收益确认方法不合规，在建工程结转固定资产时点滞后，借款费用资本化，无形资产长期待摊费用年限，合并会计报表中特殊事项处理不当等。

（2）适用会计政策没有保持一贯性。比如，随意变更会计估计，随意变更固定资产折旧年限，随意变更坏账准备计提比例，随意变更收入确认方法，随意变更存货成本结转方法等。

对于第一类问题务必要纠正和调整，第二类问题则要注重选择和坚持。

会计政策应该保持一贯性：不能随意变更会计估计，不能随意变更固定资产折旧年限，不能随意变更坏账准备计提比例，不能随意变更收入确认方法，不能随意变更存货成本结转方法等。

新三板挂牌企业财务核算办法

财务核算是指进行连续、系统、完整地记录、计算、反映和监督所应用的方法。挂牌公司应设有独立财务部门进行独立的财务会计核算。主要包括以下一系列方法：设置账户和科目、复式记账、成本计算、填制凭证、登记账本、财产清查和会计报表。

下面，我们就来介绍其中的四种：

1. 复式记账法

所谓复式记账法就是以资产与权益平衡关系作为记账基础。对于每一笔经济业务，都要以相等的金额在两个或两个以上相互联系的账户中进行登记，系统地反映资金的运动变化。

复式记账法的基本要求是：不论是发生与现金、银行存款有关的经济业务，还是发生与现金或银行存款无关的经济业务，都必须

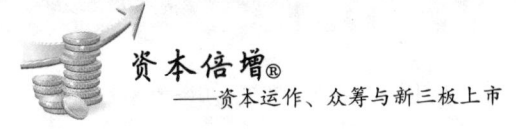

在两个或两个以上的有关账户中同时登记。

2. 成本计算方法

最基本的成本计算方法有：品种法、分批法和分步法。在一定程度上，成本计算方法的确定取决于企业生产的特点和成本管理的要求。例如，在大量大批单步骤生产的情况下，只要求按产品的品种计算成本。

这里需要指出的是，由于企业生产情况错综复杂，在实际工作中，为了达到既要正确计算产品成本又要简化成本核算的工作目的，各种成本计算方法往往是同时使用或结合使用的，这主要取决于企业的生产特点。

3. 财产清查

财产清查指的是通过对货币资金、实物资产和往来款项的盘点或核对，来确定其实存数，查明账存数与实存数是否相符，主要工作包括：实物清查、清查财产物资、资金清查、款项清查等。

4. 会计报表

会计报表是企业财务报告的主要部分，是根据日常会计核算资料定期编制的，综合反映了企业某一特定日期的财务状况和某一会计期间的经营成果、现金流量，是企业向外传递会计信息的主要手段。它的具体要求是：真实可靠，全面完整，前后一致，编报及时，相关可比，便于理解。

新三板挂牌企业税务问题

在新三板挂牌过程中，最为关键的就是税务处理。但这时候的税务处理比较复杂，主要包括：企业所得税问题、个人所得税问题，以及同业竞争和关联交易问题。

1. 企业所得税问题

按照上市公司相关规定和非上市公司符合相关规定，可以比照上市公司实施股权激励。即非上市公司股权激励的支出在企业所得税前扣除的前提，是按照《上市公司股权激励管理办法》的规定建立职工股权激励计划且会计处理符合企业会计准则规定。

2. 个人所得税问题

关于个人所得税问题，在实务中，企业可以提前将股权激励计划的详细材料呈送给主管税务机关，就股权激励工具的运作模式与税务机关进行探讨；根据股权激励计划的具体内容，尽可能地争取试用个人所得税税收优惠政策，以保证股权激励方案的实施效果。

3. 同业竞争问题

同业竞争是挂牌新三板企业的红线，绝对不能碰。在改制过程中，要关注同业竞争过程中涉及的税务问题。企业改制前，其所从事的业务很可能与其控股股东、实际控制人和其所控制的企业从事的业务相同或者相近，这样就会构成直接或间接的竞争关系。

4. 关联交易问题

为了避免同业竞争，拟在新三板挂牌的企业必须在改制过程中采取措施解决同业竞争问题——这是券商在尽职调查中重点关注的内容。规范关联交易是一个总的原则，总的来说，挂牌新三板的公司应尽量减少并规范关联交易，关联交易价格应该公允。

总之，企业申请在新三板挂牌，要想成功，关键是妥善处理税务问题。新三板从企业开始挂牌就强调处理好涉税问题。如果发现

企业以往的税务处理存在瑕疵，企业挂牌进程很有可能就此结束。

新三板挂牌企业如何规范财务制度

财务制度是企业的神经系统。企业挂牌上市新三板是把自己的股份证券化，来获得流动性的过程。在这个过程中，将财务制度各个环节的运作情况以较为直观和客观的方式、以金额数字的形式反映出来，是规范财务制度所必需的。

比如，存货核算是财务制度中重点关注的科目，存货的核算一方面在定价上带有较大的随意性，另一方面核查的难度也较高，比较容易造假。这是因为，有些存货会计师没有什么可靠的方法，全靠抽样和估计来确定存货情况。而一旦这样的存货占据了公司资产负债表的重要内容，通过它体现出来的资产负债表和利润表将会变得非常随意。

因此，券商和会计师会对存货的核算体系进行较为彻底的检查和盘点，帮助企业建立一套较为规范和具备较强可操作性、可复制性的制度，让存货核算变得更为可靠。在这个过程中，难免会发现一些隐藏的利润和掩盖的亏空，这时候，就要求企业进行整改，并对报表进行调整。

再如，很多企业的股东往往也是经营者，他们抱着个体户时的观念，认为企业和自身财产没有什么区别，想用钱时即向企业借，将企业变为自身消费的提款机。而中介机构会要求企业主将股东或关联方占款全部清理，将股东和法人较为完整地隔离开来，甚至要求对大额、长期的借款要求支付利息。这些深层次问题往往是关系项目成败的。

综上所述，挂牌新三板企业规范财务制度，就是与券商、会计师、律师等中介机构在一起，根据监管部门的要求将企业进行改造和整理。对企业和中介机构来说，也是成功率更高的做法。所以，上市过程又是一个不断解决问题的过程。只有处理好财务制度中各个环节的问题，才能顺利登陆新三板，赢得新的发展机会。

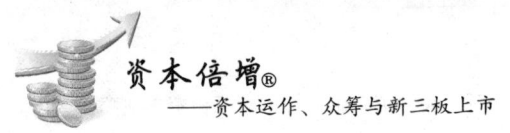

新三板企业融资操作实务

新三板定位为创新型、创业型、成长型中小微企业融资服务。借助新三板,企业能够通过多种形式进行融资。下面,我们就为大家介绍三种比较常见的融资操作实务:定向增发操作实务、私募债操作实务和信用贷款操作实务。

 定向增发操作实务

新三板定向增发,又称新三板定向发行,简单地说是申请挂牌公司或已挂牌公司向特定对象发行股票的行为。

挂牌公司既可以在挂牌后进行定向发行股票融资,也可以申请一次核准,分期发行。发行股票后股东累计不超过二百人的,或者在一年内发行股票累计融资额低于公司净资产的20%的,可以豁免向中国证监会申请核准,在每次发行后五个工作日内将发行情况报中国证监会备案。由于新三板定增属于非公开发行,所以企业一般要在找到投资者后方可进行公告,因此投资信息相对封闭。

定量增发的流程,大概包括以下几个环节:

1. 董事会对定增进行决议，发行方案公告

主要内容包括：发行目的；发行对象范围和现有股东的优先认购安排；发行价格和定价方法；发行股份数量；公司除息除权、分红派息和转增股本情况；本次股票发行限售安排和自愿锁定承诺；募集资金用途；本次股票发行前滚存未分配利润的处置方案；本次股票发行前拟提交股东大会批准和授权的相关事项。

2. 召开股东大会，公告会议决议

内容与董事会会议基本一致。

3. 发行期开始，公告股票发行认购程序

公告主要内容包括：普通投资者认购和配售原则；外部投资者认购程序；认购的时间和资金到账要求。

4. 股票发行完成后，公告股票发行情况报告

公告主要内容包括：本次发行股票的数量；发行价格和定价依据；现有股东优先认购安排；发行对象情况。

5. 定增挂牌并发布公开转让的公告

公告主要内容是本公司此次发行股票完成股份登记工作，在全国中小企业股份转让系统挂牌并公开转让。

私募债操作实务

按照相关要求，中小企业私募债发行主体具有两个完整会计年度的非上市中小微企业；发行规模不会受净资产的 40% 的限制，但是，一般应控制在不超过净资产规模。

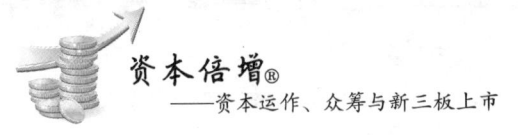

在认购与转让方面，发行人的董事、监事、高级管理人员和持股比例超过5%的股东，可以直接参与本公司发行私募债券的认购与转让；承销商可以参与其承销私募债券的发行认购与转让。

中小企业私募债发行流程包括以下几个环节：

1. 公司决议

申请发行私募债券，应由发行人董事会制定方案，由股东会或股东大会对下列事项做出决议：发行债券的名称；本期发行总额、票面金额、发行价格、期限、利率确定方式、还本付息的期限和方式；承销机构和安排；募集资金的用途和私募债券存续期间变更资金用途程序；决议的有效期；对董事会的授权事项。

2. 尽职调查

发行私募债券，应当由证券公司承销；证券公司要履行其承销商职责，结合发行人情况开展相关尽职调查工作；承销商应当按照交易所的有关规定，编制私募债券发行材料，并报送交易所进行备案。

3. 备案发行

交易所对备案材料进行完备性核对。备案材料完备的，交易所自接收材料之日起10个工作日内出具《接受备案通知书》；发行人取得《接受备案通知书》后，应在6个月内完成发行。逾期未发行的，应当重新备案。

两个或两个以上的发行人可以采取集合方式发行。合格投资者认购私募债券，应签署认购协议。私募债券发行后，发行人应在中国证券登记结算有限责任公司办理登记。

4. 转让服务

私募债券以现货和交易所认可的其他方式转让（证监会批准）。

合格投资者可以通过交易所综合协议交易平台或通过证券公司进行私募债券转让；交易所按照申报时间先后顺序，对私募债券转让进行确认，对导致私募债券投资者超过二百人的转让不予确认；中国证券登记结算有限责任公司根据交易所数据进行清算交收。

信用贷款操作实务

随着全国股份转让系统的开展，针对众多轻资产企业因无固定资产抵押而无法取得银行贷款的融资需求特点，银行推出了挂牌企业小额贷专项产品。自从挂牌企业股权实现标准化、获得流动性之后，向银行申请股票质押贷款就更方便了。

企业信用贷款无须抵押，无须担保，手续简便，期限灵活，审批快捷，放款迅速，可以帮助企业顺利拓展国内、国际业务。这项业务虽然各银行有所不同，可是主要内容大体上可以概括为以下几方面：

1. 申请条件

具体条件包括：企业成立时间满 3 年；近半年开票额 150 万元左右；开票（增值税发票），2 年的年报表，最近 1 个月的月报表，近 6 个月的发票情况；申请人近 3 个月的个人贷款不能逾期，企业负债率不能超过 60% ~ 70%。

2. 需要准备的材料

需要准备的材料有：企业营销执照、税务登记证、组织机构代码证、最近验资报告、近 6 个月增值税或所得税缴税证明、近一年财务报表、企业近 6 个月的银行对账单等。此外还有企业主要成员

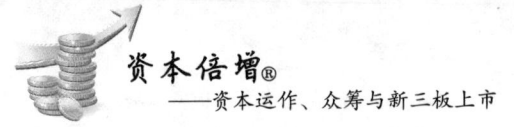

与拥有超过15%企业股份的持股人员身份证或护照。

3. 办理流程

具体办理流程如下：

（1）借款人提出贷款申请并提交相关材料；

（2）经审批同意的，借款人和担保人与银行签订借款合同和担保合同；

（3）银行落实贷款条件后，按规定程序办理放款手续，将贷款资金划入借款人在银行开立的账户；

（4）借款人按期归还贷款本息；

（5）贷款结清，按规定办理撤押手续。

第七章　新三板上市：企业挂牌新三板资本战略规划

新三板蓝海掘金投资实务

随着新三板扩容、配套措施的逐步推出，新三板市场的交易和转板等关键制度获得了实质性突破，成为广大投资者的掘金"蓝海"。在投资实务中，要遵循投资标的选择原则，按照一定的指标选择产品，并对市场风险有足够的认识。

新三板投资标的选择的三原则

如今，新三板投资已在"风口"。无论是对于私募股权基金，还是公募基金以及个人投资者来说，如何选择投资标的都是必须解决的问题。具体来看，在制度红利的系统性机会中，选取合适的投资标的需掌握三个原则，来进行深度价值挖掘。

1. 公司发展空间是否广阔

投资者要做足功课，精心挑选好的公司去投资。所谓好的公司，就是公司的发展空间要广阔。如何来考察这一点呢？具体来说，包括以下一些内容：

（1）要考虑企业的持续经营能力和核心竞争力，比如在未来的三五年内，这个产业是上行还是下行？如果公司已经是细分行业的龙头，可是仍然有空间通过纵向或横向延伸获得突破，那么也是不错的标的。

（2）要考虑公司与现行IPO（首次公开募股）的要求是否一致，企业离上市还有多远距离？要看公司管理层是否有雄心、信心。公司的上市过程至少需要三四年时间，如果管理层打不起精神，你的投资就要打水漂了。

（3）要考量商业模式，比如对于正在走下坡路的传统产业来说，如果有新的商业模式对它进行改造升级，将它已没落的原有优势激活并二次发挥，也可能重新焕发出生机。

2. 公司治理是否规范

新三板公司尽管经历过股改规范，可是，还有很多尚处于家族企业向现代化公司过渡的阶段，机构投资者毕竟主要还是作为小股东介入；而且投资周期较长，公司即使很赚钱，也要格外关注小股东能否能够公平合理地分享收益。

总体来说，要关注资质较好的资管机构或资管产品参与的新三板公司。自从2014年8月新三板推出做市交易以来，众多资管机构纷纷发行新三板产品。这些产品出于流动性的考虑，很多都参与到了做市交易的企业中。

3. 公司盈利点是否稳定

再好的行业也有失败者，所以要关注公司的核心竞争力，如技术、品牌，可是最关键的还是公司的核心团队。因此，要重视公司的财务状况，看公司是否有持续经营能力等多种因素。

新三板公司与A股上市公司有着很大的差别：一方面，新三板挂牌不同于首次公开募股上市，是起点而非终点；另一方面，多数新三板公司处于成长前期,有很大的不确定性。由于不确定性大,所以在未推出做市交易之前,很多挂牌企业都是零成交。

从2014年8月推出做市交易至今,股转市场成交金额居前五位的行业为:制造业、信息软件和技术服务业、金融业、租赁与商务服务业和文体娱乐业,这也是投资者应重点关注的几个行业。

选择新三板产品的四项指标

面对公私募以及券商资产管理公司不断推出的种类繁多的新三板资管产品,就连高净值群体也会陷入纠结之中,所以到底该怎样去挑选新三板产品,它们的收益和风险又该如何衡量,哪些产品才是最适合自己的?下面,我们就给大家介绍挑选产品的四项指标。

1. 企业管理机构投研能力

投研能力的强弱对新三板产品的收益有巨大的影响,这也是投资者在挑选新三板产品中最核心、最需要重点考察的一块。目前,众多机构都在研发新三板产品,且每家机构产品要素、产品特性都是不同的,所以投资者在挑选产品时要遵循新三板产品本身的固有规律。

众所周知,选择投资A股的公募基金最重要的是挑选基金经理。基金经理在二级市场投资中权重占比最大,其择股水平决定了产品的收益,是整个投资的核心;选择新三板产品首要考虑的是管理机构的实力,即产品管理人是否具备新三板投资和管理经验,他们的投资能力是否契合新三板产品的特征。

基金经理在新三板产品中的收益率权重占比没有公募高,所以要想做好新三板产品的投资,不能依靠个人的单打独斗,要看团队

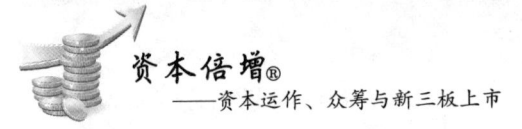

的投研实力。

总的来说，现在新三板还处于从一级市场到二级市场过渡的阶段。管理新三板产品的机构，如果同时具备一级市场和二级市场经验，那么将会是比较好的选择。

2. 产品投资范围

现有的公私募推出的新三板产品范围不尽相同，主要有以下几类：

（1）主要投资于采用做市商机制的企业。参与定增或直接买卖，对流动性的要求比较高，申购赎回都比较方便，比如财通基金利用自身积累的资源优势，在采用做市商机制的企业中精挑细选，并推出相应的产品。

（2）投资于采用做市商机制初期或是做市之前这个阶段的企业。由于介入时间较早，所以这类产品对流动性的要求比较低，封闭期时间也就更长。

（3）FOF基金。此种方式主要通过投资各个派系的新三板基金来分散风险。这类产品主要集中在私募产品，如新方程启辰新三板母基金系列。

具体到新三板产品的投资范围，投资者需要搞清楚这类产品的两个方面：风险和价值。现在，为了享有挂牌后的估值溢价，有些新三板投资产品投资未挂牌企业。所以，这里有一个项目判断风险。

在考虑上述产品的投资范围时，还应该对产品本身的一些条款做些研究。比如，管理团队是否承诺认购其中一部分；如果出现亏损，是否有优先进行补偿之类的条款。此外，还要关注产品所投资的阶段和行业。

3. 产品的流动性

新三板产品的流动性（产品期限）也是投资者需要关注的重要指标。

由于新三板具有特殊性，所以一般产品具有较长的存续期，且一般属于封闭性产品。当产品存续期间较短或者允许中途赎回时，由于现金压力以及清盘压力，对流动性较低的新三板股票的冲击成本会放大，使末期回撤大幅上升。而且，券商做市商的优劣、结构化产品中券商资本金是否参与、投资标的本身的优劣，都是重要的决策指标。

业内人士表示，随着新三板交易制度的逐步完善，流动性改善之后，新三板产品的投资期限也有望缩短。

4. 产品的费率

新三板的投资，虽然是百万元门槛起步，但也不能忽视了产品费用。那么，新三板产品有哪些费用，费率怎么样？一般来说，主要有：固定管理费、托管费、投顾费（或有）。除此之外，还有些浮动分成，行业比率一般为20%。

此外，有些新三板产品是要收取认购费的。这种收费一般采取外扣法，如净认购金额的1%，而认购费主要是覆盖销售成本。在税费方面，投资者应当注意细节，如果私募契约型、资管类产品、基金子公司产品等往往是不代扣、代缴个人所得税的。

新三板投资风险类型与解读

虽然新三板带来了较大的财富效应，可是，相应地也存在较大风险。从现阶段来看，新三板的风险主要是对于投资者来说的，具

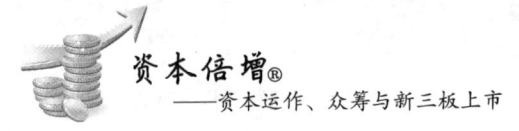

体来说可以概括为以下四大风险:

1. 流动性风险

新三板投资者面临的最大风险是流动性风险,所以规避流动性风险最有效的方法是购买做市商的做市标的,因为做市商有义务承接投资者卖出的股票,所以无须担心流动性问题。

反过来,站在做市商的角度,具有并购重组概念的公司退出路径清晰,因此深受广大做市场商喜爱;同时,在并购重组过程中,做市商会享受更高的溢价,获取更大收益。

2. 扩容的风险

扩容前的新三板基本上是一个"示范板",挂牌公司都是比较优秀的,其中近半数公司基本符合创业板上市条件,投资者投资扩容前的新三板风险相对较小。可是,经过扩容后,新三板公司良莠不齐,绝大多数公司难以上市,不少公司甚至随时都会倒闭。

投资扩容后的新三板,投资者的风险要大得多。根据推算,未来将有上万家企业在新三板挂牌,届时新三板将成为名副其实的"垃圾板"。在垃圾里淘金,不是一般的投资者能够做到的。而且,即便投资者淘到了"东土科技"这种上市公司,可是一旦上市被否决,投资者还要承担股价大幅下跌带来的风险。

3. 信息不对称的风险

对于投资者来说,更多的风险还集中在挂牌企业与投资者之间的信息不对称以及募集资金使用监管方面。新三板公司原本就是非上市公司,其管理并不规范,信息披露容易出现问题,各种损害投资者利益的事情时有发生。得到了有利好消息,知情人提前买进;得到了有利空消息,知情者提前卖出。所以作为散户来说,始终都是受害者。

其实，在新三板挂牌的公司并非是上市公司，破产或倒闭是新三板公司不可回避的问题。加上本身缺少透明度、信息不对称，所以中小投资者必然会成为新三板公司破产或倒闭的埋单人。

4. 股票交易风险

新三板股票不设涨跌幅限制。从历史成交数据来看，部分新三板个股价格波动非常剧烈。新三板的协议转让经常会直接导致同一只股票出现巨大的价格差距，会削弱新三板的价格发现功能；而且，协议转让的价格也不是挂牌公司真实价值的体现。

尤其需要注意的是，随着各路资本的大量涌入，已经有不少新三板挂牌公司的股价涨幅超过2~3倍，已经不再是投资洼地。在新三板目前制度不完善的情况下，各路资金盲目涌入、市场过热，这种现象对于企业、投资者和整个市场来说，都是值得关注的问题。

第八章

资本课堂：资本人都要经历的进化必修课

资本运作可以带动企业成为"胜者"，也可能让企业成为"剩者"，因此，资本课堂是资本人都要经历的进化必修课。这个"资本课堂"的内容包括：通过项目争取资本的方法，盘点企业资本和规划企业财富目标的路径，充分认识员工持股的重要性，如何使企业与资本市场沟通，如何与战略资本进行溢价谈判，如何选择资本退出方式等。

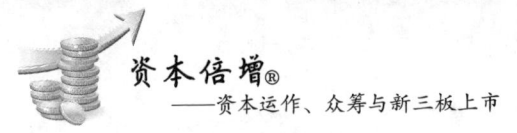

选择项目、制定项目的方法就是争取资金的方法

对于任何一个项目来说,如果前期工作深度不足,不仅项目难以实施,而且争取资金的难度也会加大。因此,不管是争取国家扶持资金,还是争取项目投资者资金,都必须做好项目管理工作,包括选择、制定和申请项目等。其中,所运用的方法就是争取资本的方法。

 如何争取国家扶持资金

一直以来,资金都是中小型企业发展的"瓶颈"。政府非常重视这个问题,近年来,各级政府都设计了种类繁多的基金、专项资金,有针对性地对中小型企业的发展提供资助和扶持。那么,企业如何争取国家扶持资金呢?

1. 认真学习政府的有关产业政策和扶持政策

要想争取国家扶持资金,首先就要认真学习政府的有关产业政策和扶持政策,比如,哪些产业是政府扶持的对象?有什么具体要求?企业是不是符合申请条件?不够条件怎样创造条件?申请需要

什么材料和程序？

如果想了解这些内容，可以通过以下几种途径：对国家支持专项计划、政策与配套资金申请办法、时间有一个较全面的宏观了解；及时浏览政府各部门的网站；直接到政府有关主管部门与有关人员进行交谈，在他们的帮助下，争取有关主管部门的同意和支持。

2. 做好申请前的准备工作

从相关主管部门和网站公示了解项目申报具体要求后，就要做好申报前期的准备工作。这时候的工作重点是：详细分析、评估本企业所拥有的核心技术、生产以及市场方面的优势、劣势、发展潜力和财务状况，把本企业的内在价值充分挖掘出来。

3. 高度重视编写申报材料

编写申报材料，一般包括这样几项内容：项目可以行性报告、申报单位情况和附件的准备整理。每一部分都要求认真精心准备：

（1）在编写材料之前，认真阅读对申报材料的要求、申报条件、重点支持的领域。

（2）项目可行性报告一定要论述准确，真实可靠，全面反映申报项目的基本情况。项目可行性报告中，项目技术含量和先进程度的论述需要给出专家鉴定结论或报告，尽量提供权威机构或国家、国际技术标准，比较国内外同类研究或产品的主要技术指标。

（3）合理分析项目工艺流程，在不泄密的情况下，对关键的技术环节要认真阐述。

（4）阐述项目技术创新点要简明、集中，明确指出是全新的产品，还是全新的原理，或是工艺的重大改进，以及在技术性能指标方面有什么具体的突破，对于原创性的技术一定要着重论述。

（5）项目技术成熟度、进展情况、技术风险，要明确地予以有

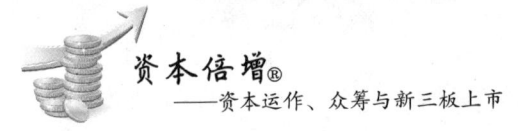

理有据的分析，如对关键工艺的掌握和应用熟练程度、是否有产品或样机、产品结果与性能、用户的反馈意见、是小试还是中试、技术风险存在的根据和予以规避的条件方法等。

（6）项目市场分析切记要避免笼统的分析或者按比例放大，一定要在分析市场空间、行情现状和发展趋势的基础上，论述项目产品的性能价格比和可以被用户接受的根据，注重用户使用情况反馈。

（7）项目效益分析，社会效益要充分突出行业地位和对产业化的引导、带动作用；经济效益分析不要盲目扩大，对能够实现的目标客观地进行科学分析。

（8）申报单位情况，要尽量体现出申报单位的特色和实力，反映出良好的人才结构和较高的素质，以及所取得的业绩和资信程度。财务状况要充分展示，财务指标要清楚。申报单位的制度要健全并在申报材料中阐述。

（9）附件准备要仔细、全面、有针对性，要与项目可行性报告和申报单位的内容相符并给予证实。

4. 积极与政府主管部门沟通

按规定程序提交申请材料后，就开始进入审核程序。此时，要主动与有关政府主管部门的人员接触、沟通，让他们对企业的基本情况有所了解。

争取项目投资者资金的四点建议

通过了一个项目，需要寻求资金时，很多人都不知道如何向投资者获得资金。其实，这里也是有一些策略需要掌握的。

1. 完美地展现你的产品，缩短差距

大多数企业或公司的 CEO 都没有多少时间陪你们闲聊，对于同样的演讲形式，他们都非常厌倦，因此你得缩小你们之间的差距。在他们不知情或是不了解你的产品的情况下，要尽可能地、简短地说出你的产品，并说出你的产品与众不同之处，让其脱颖而出。这样，投资者才会对你的产品感兴趣。

2. 表明你清楚同行业之间的竞争关系

投资者可能对你的竞争对手了如指掌，因此在回答投资者问你关于竞争对手方面的信息时，要尽可能地诚实回答。在不诋毁他人企业的前提下，争取体现出你与竞争对手的区别。因为，你永远都不知道在什么时候，投资者可能会对你的竞争对手做出更高的评价。

3. 了解投资者所说的行话

在回答投资者提出的问题时，如果不知回答什么，那就糟糕透了。如果你不了解投资者所说的行话，而你的竞争对手却对此了解的话，你就会错失一次机会。

4. 以优雅的姿态迎接投资者的"NO"

向投资者寻求投资是一个漫长的过程，即使你尽力做到最好，也不一定能获得投资者的赞同。可是，这样也会为你下一次寻找创造了投资者价值。因此要感谢这些投资者的拒绝，或许他们也会成为你下一个投资领域的同事。

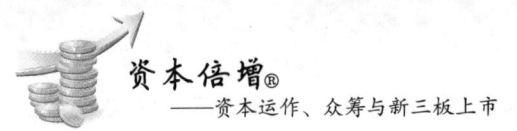

盘点企业的所有资本，规划企业财富目标

一般来讲，货币资本和实物资本能为企业带来的回报率占总回报率的30%左右，而无形资本能为企业带来的回报率占总回报率的70%。所以对企业所有的资本认真盘点，有助于规划企业财富目标。

 盘点企业资本，管理能力也需要盘点

企业资本由货币资本、实物资本和无形资本三部分组成。如果为一家有限责任公司盘点企业资本，其货币资本就包括现金、存款、流动资产、应收账款、长短期负债、股票和债券；实物资本包括产品、库存、办公用品、生产设备、办公场地和原材料；无形资本包括专利、商标、专有技术、管理能力和企业信誉。

可是，想想看，企业年度除了对资产、财务、人力资源、业务工作开展进行盘点外，还需要盘点什么？那就是管理。每年对自己的管理现状进行系统的盘点，对于规划企业财富目标很有必要。如果企业从来不认为管理还需要盘点，认为管理是没办法盘点的，企业的财富就会永远在原地踏步，不能增长。

企业的资本增长离不开经营和管理两条腿,经营的意思是"经济运营",目的是追求企业效益最大化,实现财富倍增;而管理的意思是"管辖治理",目的是追求效率最大化。管理的重点是体现以人为本,激发员工创造出更多的价值。管理犹如经营的"影子",如影随形,有经营的地方就要管理。

 现金流量贴现法是规划企业财富目标的途径

在朝着财富目标奋进的道路上,著名企业家柳传志这样忠告我们:"要咬牙挺住,耐得住寂寞,不被诱惑。"想要到达财富的目的地,就必须明确自己到达目的地的方向和方法。在这方面,以现金流量贴现法计算企业价值和分析企业价值,是使企业价值最大化的常规途径。

所谓现金流量贴现法就是把企业未来特定期间内的预期现金流量还原为当前现值。企业价值的真髓是它未来盈利的能力,只有具备了这种能力,企业的价值才会被市场认同。因此,理论界通常把现金流量贴现法作为企业价值评估的首选方法。

现金流量贴现法的基本公式如下:

$$V = \sum_{t=1}^{n} \frac{CF_t}{(1+r)^t}$$

在这个公式中,n 表示资产(企业)的寿命;t 表示预测期间;CF_t 表示资产(企业)在 t 时刻产生的现金流;r 表示预期现金流的折现率。

从公式上我们可以看出,企业价值是由企业获得的现金流量(CF_t)、贴现率(r)、企业现金流量的持续时间(n)三个因子决定

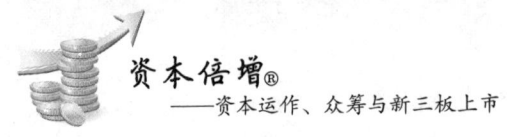

的。相应地，我们也可以得到使企业价值最大化的常规途径。

1. 提高企业的持续发展能力

随着企业存续期的增长，企业的价值也会逐步增大。从企业财务管理角度来看，企业的持续发展能力具体体现在以下几个方面：

（1）核心竞争能力强

一般认为，企业的营业额、市场占有率、技术水平和客户需求的实现程度等因素所形成的综合竞争能力是企业成功的关键。而在这三者中，市场占有率既是市场核心竞争力的最重要因素，也是强化持续发展能力的首要内容。

（2）抵御风险能力强

不同的筹资、投资活动的风险是不相同的，所以相应的收益或损失也就不同。要想提高盈利能力，就必须承担相应的风险。风险和收益是对应的。良好的理财就在于使得风险性、收益性达到最佳的平衡，从而达到资源的最优级。

（3）偿债能力高

一般情况下，偿债能力强的企业都会具有良好的发展势头。如果企业不能积极地把偿债能力转化为行为，及时足额地偿还债务，就会失去债权人的支持和配合，对企业的持续发展造成不利影响。

（4）增值能力强

这里所讲的增值能力主要是指资产管理能力。企业的资产管理能力越强，资源的使用率越高，其经营状况也会越好，越能够使企业持续健康稳定地发展，从而达到企业价值的最大化。

2. 创造最大化现金流量

任何资产的内在价值都等于预期未来现金流量以适当的贴现率折现的价值，要想创造出最大化的现金流量，就要通过合理投资、提高收益、优化利润分配等政策来实现。

(1) 合理投资

最优投资方案通常都能增大现金流量，减小企业的偿债负担和投资风险，使企业有限的资金高效运转，产生增值效益，进而实现企业价值的增长。

(2) 提高收益

提高收益的主要途径是提高企业生产能力，增加主营业务利润。要想获得更多的收益，就必须扩大商品、产品销售，增加主营业务利润；同时，还要考虑企业的成本费用。

(3) 优化利润分配政策

由股利政策理论可知，在完全有效的资本市场中，股利政策是不会影响公司价值的。可是，现实是个不完全的资本市场，股利政策会直接影响公司价值；尤其是在我国这样一个发育不成熟的资本市场环境中，公司股利分配政策与公司价值高度有着密切的关系。因此，要设计一个最优股利分配政策，来实现企业价值最大。

3. 优化资本结构，降低资本成本

优化资本结构的实质就是使加权平均资金成本率最低。要想进行资本结构的优化，实现资金成本的最小化，最终达到企业价值的最大化，可以通过以下几种途径：

(1) 发展融资租赁

融资租赁是指出租人在获取一定报酬的条件下，授予承租人在约定的期限内占有和使用财产的一种融资方式。通过这种方式，企业可以长期获得资产的使用权，可以有效减轻企业现金支出的压力，以此保持企业资金的流动性。

(2) 变卖资产融资

变卖多余或低效的资产，这样企业不仅可以筹措到必需的资金，进行其他的生产经营活动，还可以去掉微利或亏损的部门，提高企业的利润水平；不仅可以改变经营结构和方向，开拓新的市场，还可以放弃与企业主要生产经营活动关系不大的部门，集中精力发展优势品类，提高专业化程度。

(3) 债券筹资方式

所谓债券是指各类经济主体为筹集负债资金而向投资者出具的、承诺按照一定的利率定期支付利息并到期偿还本金的债权债务凭证。发行债券是企业筹集资金的一种重要方式。

(4) 提高获利能力

只有企业的获利能力强，资金利润率才会高于债务利息率，企业才会有资金积累，才能按时偿还债务利息和本金，同时使股东获益。因此，要不断提高经营管理水平，生产适销对路的产品，提高企业的盈利能力，不断优化资本结构。

4. 优化企业治理机制

从狭义上讲，企业治理机制是对企业经营和绩效进行监督与控制的一套制度安排，它是为了解决公司中存在的委托—代理关系而设计的；从广义上讲，还应当包括企业的组织方式、控制机制、财务机制、法律制度、企业文化等，讨论企业与所有者之间的关系、企业与利益相关者之间的关系。

通常来看，企业的治理机制是否完善，主要考虑以下几方面：

(1) 经理选聘机制与上岗竞争激励；

(2) 收益分配激励制度；

(3) 企业面临的市场竞争环境；

（4）企业是否透明，资金供给是否充分；

（5）企业是否是一个完善的市场主体；

（6）财务机制是否完善。

只有完善企业的治理结构，建立正常的委托、代理机制，抛弃政府选择治理的机制，聘用合适的人才，建立激励和约束机制，对经理人员按经营业绩进行考核，提高其积极性、责任心和风险意识，使其不盲目提高负债经营，才能提高企业的效率。也就是说，不断优化企业的治理机制，可以提高企业效率，间接实现企业的价值最大化。

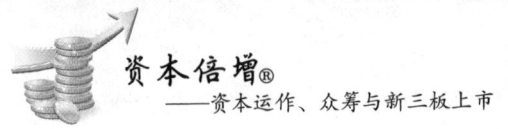

员工持股下的利益共同体，催生资本裂变

关于员工持股，最典型的案例就是华为。

创办初期，华为很难融到资金，最后华为采用了内部员工持股融资的方式。20世纪90年代末，华为启动员工持股计划，每股价格1元。

从2001年开始，华为实行期权改革。改革完成后，员工获得的股票转化为虚拟受限股，即所谓的"期权"。公司通过工会实行员工持股计划，员工持股计划参与人数到2012年12月31日为74253人。

全体在职持股员工选举产生持股员工代表，并通过持股员工代表行使有关权利。员工持股计划将公司的长远发展和员工的个人贡献有机地结合在一起，形成了长远的共同奋斗、分享机制。

华为的全民持股实践证明，实行企业员工持股的做法，能够形成资本所有者和劳动者利益共同体，助推资本裂变。

员工持股的由来

其实，员工持股并不是新生事物。20世纪80年代，国企员工持

股暗流涌动。可是，由于没有规范的法律法规制度约束，造成了国有资产流失，所以屡屡被决策层叫停。

2013年11月9—12日，北京召开的中共十八届三中全会提出："允许混合所有制经济实行企业员工持股，形成资本所有者和劳动者利益共同体。"这标志着员工持股新时代的到来。

2015年1月12日，国资委全面深化改革领导小组第十八次全体会议召开，会议审议了《关于进一步加强和改进外派监事会工作的意见》《关于混合所有制企业实行员工持股试点的指导意见》。5月25日，国务院国资委发布了《2015年度指导监督地方国资工作计划》。该计划提出，2015年，指导地方国资委就制定混合所有制企业实施员工持股试点的管理办法，规范开展员工持股试点工作。

员工持股的作用

员工持股是一项既有社会效益，又有经济效益的双赢改革，其作用主要体现在以下几个方面：

1. 员工持股是构建新型劳资关系的基础

在市场经济条件下，劳资关系是现实的一组矛盾。实施员工持股计划，可以使员工兼具劳动者与所有者双重角色，分享公司发展的成果。这样，员工的劳动热情和干劲必然会得到提高，劳资矛盾也会得到缓和。

从成熟市场国家的实践来看，采取员工持股可以在一定程度上缓和劳资矛盾。早在20世纪80年代，职工持股就作为"人民资本主义"的核心内容在美国得到了广泛推广；到20世纪末，已经有3000万名产业工人持有所在公司股份，成为美国的国家战略之一。

2. 员工持股有利于完善公司治理结构

通过员工持股计划，可以实现劳动者与所有者风险共担、利益共享，挖掘公司内部成长的原动力，提高公司自身的凝聚力和市场竞争力；员工参与员工持股计划获得公司股票，在一定程度上可以改变上市公司股东的构成；员工以股东身份参与公司的日常管理，也会促进公司治理水平的改善。

3. 员工持股试点将提升国企的市场竞争力

一直以来，国企效率低下为市场诟病，之所以如此是因为员工的积极性没有得到充分发挥。所以实施员工持股，可以最大限度地调动员工的积极性，提升企业的经营效率。

员工持股试点改革必将催生资本裂变，在资本市场上掀起一波波澜壮阔的改革行情！据不完全统计，2014年7月至2015年1月20日，沪、深两市近70家上市公司公布了员工持股计划，其中不乏多家国企上市公司。截至目前，包括易华录、海格通信、上港集团、老白干酒、广州浪奇、襄阳轴承、白云山、鄂武商A在内的8家公司相继推出了员工持股计划。

员工持股是实施混合所有制的重要手段，通过引入外部战略投资者和实施员工持股，有助于改善国有企业经营效率，提升盈利能力。但值得一提的是，在具体实施员工持股的过程中，还应该坚持试点先行的原则，在严格遵守现有企业改制等情况下防止一哄而上；同时，企业在试点过程中要积极总结经验，务求取得实效，让员工在促进企业发展过程中发挥更大的作用，最终实现企业财富的倍增和个人财富的增加，从而实现社会效益和经济效益的多方共赢。

第八章　资本课堂：资本人都要经历的进化必修课

商业模式是企业与资本市场的"沟通语言"

企业对资金的需求，如同树木对养分的需求一样迫切。可是，在看起来水到渠成的投融资供需关系中，依然存在很多问题。其中，关键的问题就是——两者之间的沟通。如果将商业模式作为企业与资本市场的"沟通语言"，就完全可以让企业在资本市场上"卖个好价钱"。

众里寻他千百度：投资者的心声

投资市场跟其他市场一样，也包含一个供求双方的关系。VC最大的成功就是找到了所谓的能够成为潜在成功企业家的候选人。

决定VC投资的三大重要因素是：第一要看人，融资的对象要讲信用；第二要有技术，技术不一定非常尖端，可是要有未来的销售预期；第三要有好的团队，要看运作这个项目的人有没有驾驭项目的能力，这才是最重要的。

VC判断的基准，就是要有利润的高增长。所谓高技术企业有"三高"：高风险、高投入、高收益。要想获得相当高的收益率，离

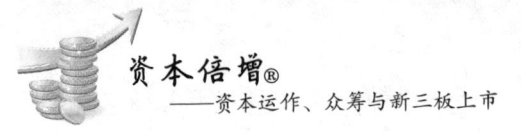

不开货币、土地、人力资源和技术四大要素，其中，技术在要素中的利润贡献率是最不可测定的。无形资产有形化是资本市场的最高境界，因此企业要尽可能地把技术增值作用讲出来。

掀起"我"的盖头来，让"你"看看我的脸

融资双方是相对的，在投资者努力寻找能够成为潜在成功企业家的候选人时，融资者则在想办法获得投资商的"青睐"。风险投资商很注重投入，因此融资者即使失败了很多次，也要对自己充满信心，保持自己的本色。只要你是千里马，总会有伯乐来欣赏。

有人把融资过程比喻成恋爱：掀起"我"的盖头来，让"你"看看我的脸。意思是说，太多的装饰并不一定能赢得投资商的青睐。例如，360跟雅虎谈融资时，很重要的一点就是360把自己的本色表现出来了——我对中国国情更了解，我有信心、有激情、有创业精神。这些才是VC所看重的。

企业可以借助不同层次资本市场多次融资

目前，我国的多层次资本市场体系设计共分为五个层次：第一层次为主板市场（包括中小板）；第二层次为创业板市场；第三层次为新三板市场；第四层次为区域股权交易中心；第五层次为产权交易所。

对于中小型企业来说，如果想利用多层次资本市场进行融资，可以采用以下四种思路：

（1）对于成熟型公司来说，直接到主板，包括中小板上市。当

然，发行前股本总额应不少于人民币 3000 万元，发行后股本总额应不少于人民币 5000 万元。因此，这条路径比较适合具备较高盈利基础、拥有一定资产规模、需存续一定期限、具有较高成长性的大中型企业。

（2）到创业板上市这条路径，比较适合处于成长期、规模较小、有一定盈利能力、成长性高、发展潜力巨大的自主创新企业和其他成长性创业企业。

（3）从低层次市场进入资本市场，根据企业的成长状况、公司治理的完善程度和投资者结构的完善情况，通过逐级转板的方式，从低层次市场逐步转升到高层次市场。这条路径较为稳妥，可以借助不同层次的资本市场多次融资，解决企业在不同发展层面和时期的资本需求。

（4）引入天使投资、VC 和 PE，天使投资适用于刚刚起步的初创型公司，甚至是一些只有一个 idea 的公司，进而在这个过程中不断引入投资方式。

总之，商业模式与资本运营是紧密相连的，商业模式是资本运营的核心基础，资本运营又是很多商业模式实现的重要途径之一。企业要根据自己的情况，选择适合于不同层次市场的资本运营方式，最大化地实现商业模式的融资价值。

如何与战略资本进行溢价谈判

溢价谈判不是以企业的有形资产为依托的,而是以企业的价值为依托。溢价谈判以市盈率(市盈率=每股市价÷每股税后净利)为支点决定溢价。

溢价谈判的时候,需注意以下三方面的问题。

企业估值时考虑的因素

开始为初创企业估值时,需要考虑以下几个因素:

因 素	说 明
有没有其他投资人竞争	理解风投工作的方式,不仅对融资至关重要,也是影响估值的最大因素。如果其他风投对某家公司也产生了兴趣,那么第一家风投就会认为这项投资是有利可图的。
用户或早期客户	如果其他的情况都对你不利,可是,你有10万用户,也就有了一个融资100万美元的机会。你吸引用户的速度越快,他们的价值就越大。
成长潜力	在融资阶段,一些公司只会提到成长潜力,如市场广阔等。可是,有些创业公司还会显示自己的成长。例如,活跃用户或付费顾客数量正在逐月增长,而且增长速度很快。

续表

因　素	说　明
收入情况	一旦公司有了收入，金融文献就会为你提供许多可以使用的工具，帮助你对它进行估值。可是，收入只是公司的一部分。
创始人和员工	创始人曾经在哪里工作，承担什么样的项目，从哪个公司离职，都是影响估值的因素。除此之外，员工的技能、为业务技术进行的培训和知识也是非常有价值的。
行业情况	每个行业都有自己独特的估值逻辑和方法，例如，一家餐馆的估值应该在它各种资产的3~4倍；而一家互联网公司，如果流量很可观，估值应该在年营收入的5~10倍。所以，在和投资人进行相关的洽谈之前，要花些时间研究一下你所在的行业最近一段时间的相关消息。
加速器或者孵化器	许多拥有几年经历的加速器会公布相关创业公司的成功率。所有在孵化器或加速器中的创业公司，都拥有类似的资源和指导。
期权池	期权池越大，公司估值就越低，因为期权池是你未来的员工的价值，也是你现在还没有的东西。
实物资产	新公司通常没什么固定资产，看起来虽然不值钱，可是，要把你公司拥有的每一件东西都算进去。
知识产权	投资者经常使用的一个"经验法则"，就是每一项专利可以为公司增加100万美元的估值。所以，专利的价值应该加在公司估值里面。
市场规模和细分市场的增长预测	如果从分析师那儿得出来的市场更大，经济增长预测较高，那么你的公司估值越高，这是一个溢价因素。如果你的公司是轻资产公司，你的目标市场应该至少有5亿元的潜在销售额；如果你的公司是个重资产公司，需要大量的物业、厂房和设备，那么潜在销售额要有10亿元。
直接竞争对手的数量和进入壁垒	市场的竞争力量对公司的估值有着很大的影响。如果你能显示出你的公司能领先于竞争对手，就要要求估值的主动权。在投资界，这个溢价的因素就是所谓的"商誉"。

真正挖掘出来企业的潜在价值

企业潜在价值是指企业的价值增值潜力。与现实价值相比，企业潜在的价值具有两大基本特性，即不确定性和隐蔽性。

其中，企业潜在价值的不确定性是指企业潜在价值只是一种可能性价值，这种潜在价值能否实现，主要取决于是否具备必要的条件。实现企业潜在价值的必要条件，主要包括足够的资金投入、管理效率的改善、先进技术的应用和核心竞争力的形成等。如果具备了上述条件，企业潜在价值就有可能实现；否则，企业潜在价值则有可能永远处于隐性状态。

企业潜在价值的隐蔽性是指企业潜在价值不易被发现与测度。企业潜在价值不易被发现与测度的主要原因在于，企业潜在价值是企业潜在预期收益的折现值，而企业潜在预期收益则是一种隐性收益。这种收益既不是企业现有盈利能力的直接拓展，也不是企业现有市场表现的简单延伸，而是需要通过与自身最优经营状态比较才能发现与测算，因此无法根据企业现有盈利能力和市场表现直接估算出来。

1. 企业是否具有潜在价值，关键要看企业目前的经营状态

一般来说，高效企业发展潜力较小，低效企业发展潜力较大。这是因为，经营效率低下，表明企业的资源利用或配置效率未达到应有的水平；如果企业没有获得应有的业绩，则说明企业存在业绩改善的可能或空间，具有潜在价值。

2. 衡量企业潜在价值的主要尺度是效率指标

一般来说，企业经营效率低下主要表现为投资回报率低于行业平均水平。如果企业的经营效率低于行业平均水平，说明该企业资源未能获得有效利用；企业资源利用效率一旦获得了有效改善，价值就会发生增值，企业的潜在价值就会显现出来。

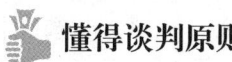 **懂得谈判原则**

谈判是一个正式的过程，凡是谈判都要遵循一定的谈判原则。其实，这些谈判原则也适用于溢价谈判。谈判原则包括以下几项内容：

原　则	说　明
营造公开、公平、公正的竞争局面	在谈判中，不要"一棵树上吊死"，要营造公开、公平、公正的竞争局面，扩大自己的选择余地，避免因不了解情况而陷入被动。
明确目标善于妥协	虽然说，妥协有些时候也是一种让步，可是在某些时候则仅仅是为了寻求折中的替代方案。因此，不能在自己的立场上固执己见，应积极地去寻找隐藏于各自立场背后的共同利益。
讲究信用	良好的信用能给谈判对手以信任感，使双方消除疑虑和分歧，尽快地达成一致。否则，将使谈判陷入困境，最终可能导致谈判破裂。
求同存异	为了实现成功的谈判，谈判者就应当遵循求"大同"、存"小异"的原则。求"大同"是指谈判各方在总体上、原则上必须一致，摒弃细枝末节的分歧和不同意见；存"小异"就是谈判各方必须做出适当的让步，允许与自己利益要求不一致的"小异"存在于谈判协议中。
使用客观标准	所谓客观标准是指独立于各方主观意志的、不受情绪影响的标准。在谈判中，谈判各方应依照客观标准来进行谈判，应把注意力放在问题的价值上。
运用事实	事实是不以人的意志为转移而客观存在的，具有客观性、直观性，比数据、资料等更具说服力。在谈判过程中，要实事求是，绝不能言过其实。

续表

原　则	说　明
人、事有别	人、事分离既是双方合作的前提和基础，也是谈判者修养素质的体现。谈判应做到对事不对人，把人与事分开处理。
尽量扩大总体利益	在谈判中，谈判双方首先应一起努力扩大双方的共同利益，之后再来讨论与确定各自分享的比例，这也就是谈判界常说的"把蛋糕做大"。项目越大、越复杂，把蛋糕做大的可能性也就越大。

企业在资本市场的退出方式

资本运作是在资本市场的买卖行为,相对于买进,卖出就是退出。资本市场的关键是资本退出机制,可是,和买进相比,卖出经常被忽视。在资本运作这个市场行为上,资本的退出机制和思想,更是被大大轻视了。因此,企业必须端正态度,根据自身情况来选择资本市场的退出方式。

退出机制的重要性

在做资本运作时,退出机制的短缺和弱劣,会直接影响进入机制的功效。如果退出机制出了问题,进入机制必然也会出问题。进入、退出一旦出现了问题,运作也就成了明日黄花。

退出机制的重要性,可以用现代婚姻法为例来说明。现代婚姻法确定了离婚自由,其历史现实性,实为妇女一方有了离婚的自由,即退出婚姻的自由。在封建时代,妇女只有被"休"才能退出婚姻,自己是没有退出的可能的。

众所周知,这是一个革命性的退出机制。可是,法律解决了退出机制问题，并没有完全解决退出问题！还需要妇女个人的退出条件，如妇女经济独立、个性独立等。

资本退出方式

目前，我国多层次资本市场已初步形成主板、中小板、创业板，以及代办股份转让系统的新三板构架，此外还有四板市场。尤其是中小板、代办股份转让系统以及2009年启动的创业板，更加有效地拓展了风险投资企业上市退出渠道。

据资料显示，在2015年第一季度，中外天使投资机构新募集基金25只，共发生349起投资案例，披露金额的交易共计涉及2.59亿美元。投资活跃度比2014年同期提升近1倍，共发生3起创业板IPO。此外，2015年新三板的火爆为天使投资退出带来新的途径。据统计，2015年第一季度境内共有3家曾接受过天使投资的互联网公司成功登陆深圳创业板，宁波市天使投资引导金投资的宁波世游信息科技股份有限公司于2015年1月成功挂牌新三板，实现股权转让退出。

在风险投资退出中，主要涉及三方利益：风险企业、风险资本和新进入的第三方投资者。而退出方式主要有以下五种类型，企业要根据自己的情况选择合适的方式。

类型	说明
并购退出方式	在并购退出方式下，风险资本所持风险企业的股份将随企业的股份整体出售给第三方投资者。这里的第三方投资者通常为战略并购者，与企业的生产活动在同一个或者相似领域。

续表

类　型	说　明
转售退出方式	风险资本单独将其所持有的风险企业股份出售给第三方投资者。这里的第三方投资者通常为战略投资者或其他风险资本。
回购退出方式	风险资本将其所持有的风险企业股份回售给风险企业，企业的管理人员利用借贷资本或者股权或者其他产权收购该部分股份的退出方式。
清算的方式	当风险投资企业认为风险企业失去了发展前景，或者成长慢、资金回收期较长，达不到预期投资目的时，就会从项目中撤出，寻找新的投资项目；如果企业在风险资本退出后，难以吸引到新的投资者，企业就不可避免地要选择破产清算。清算，也就意味着风险投资的失败。
IPO退出方式	通过将企业的股份首次向社会公众公开发行退出。在这种情况下，风险资本一般会持有风险企业的股份直到公开发行，实现利润锁定；并且，再将其投资所获得的利润分配给风险资本的投资者。

值得一提的是，绝大多数风险投资企业主要的退出渠道集中在中小板、创业板和场外交易市场。此外，主板市场的容量也非常有限，不能满足大量企业证券发行与转让的需要。因此，从政策方面加大资金推出的支持力度，既是当前政府工作的重要内容之一，也是建立健全资本市场机制的必然选择。

第九章

玩转资本：看大咖如何实现资本倍增

　　不论何时，创业或投资都是有风险的，降低、消除或规避风险的最好方法，就是通过案例来学习成功者的经验和技巧。这里选编的阿里巴巴媒体投资案例、众筹模式成功的经典案例和借壳新三板上市的经典案例，都是具有借鉴意义的，都可以为玩转资本的人们提供学习的样本，有助于实现资本倍增。

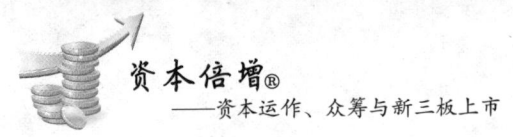

阿里巴巴的媒体投资逻辑：从业务到战略，从 IT 到 DT

2015 年 6 月，阿里巴巴豪掷 12 亿投资入股重组第一财经传媒有限公司，这是阿里巴巴再次投资媒体，也是最为"高调"的一次。

这是 2015 年整个财经媒体，乃至整个传媒界最为重大的一件事。从提前曝光的交易细节来看，阿里巴巴此次投资媒体在业务层面也不一般，无论是资本规模，还是深入程度，都是之前的媒体投资不曾出现的。

 从业务渠道到战略驱动的媒体投资

在最初的 1.0 时代，阿里巴巴通过与浙报合作成立《天下网商》杂志，展开了媒体业务上的合作。其从自身的电商业务需求出发，寻求媒体内容生产能力，建立起了业务层面的媒体投资和合作。当然，也包括直接和间接的投资财新传媒，都属于业务渠道的媒体投资业务。

进入到 2.0 阶段，阿里巴巴先后投资入股"北青报"的社区报业务，以及在西南地区成都某都市报的农产品电商业务。所有的投

资都发源于阿里巴巴的核心业务，包括电商、物流、支付驱动的商业大数据业务，以及健康和文化娱乐为外围的第二梯队战略诉求。

其中，"北青报"的社区报业务的核心在于，打通基于社区的最后一公里的渠道资源，阿里巴巴的菜鸟网络可以实现直接对接和业务合作，而区域农产品电商业务平台也是阿里电商业务向农村和区域下沉的战略需求。

综上分析，阿里巴巴媒体投资的基本逻辑大概可以总结为以下几条：

首先，选择优势的、特色的媒体为对象展开合作。这种合作讲求"门当户对"，包括省级的大媒体集团（浙报、上报）和垂直行业媒体类的老大。

其次，切入与阿里巴巴战略意图直接吻合的业务点展开合作，包括电商、社区O2O、商业信息、企业社群文化娱乐等战略突破点，并进行引导性的布局落子，选择一个新的业务增长点来进行具体合作。

最后，合作属性定位是战略需求大于公关需求，只负责围绕阿里核心战略进行的生态业务打造，对于媒体内容走向和具体媒体业务不做任何约束和参与，保持媒体独立属性不变。

不可否认，阿里巴巴的媒体投资逻辑是清晰明确的，其模式与所谓的"互联网+媒体"，进行传统媒体融合的所谓"包养"模式是完全不同的。其完全基于阿里自身的战略需求，从曾经的媒体组织中寻求非媒体类的、直接与其核心战略方向吻合的领域，展开创新式的投资合作，直接达到其核心战略诉求。

重组第一财经与阿里巴巴从IT到DT，从DT到所有

从阿里巴巴投资重组第一财经的具体细节来看，重组之后，新

一财经会成立一个全资的新媒体公司，围绕商业数据服务展开业务，其中包括三个主要的产品业务方向：

（1）2C 的面向普通大众的"财经头条"产品。这是保持媒体入口功能，进行基本商业财经信息服务的基本标配产品。

（2）2C 的面向细分用户群体的个股产品。直接瞄准精准用户，提供个性化商业情报服务，可以实现直接情报价值变现，提高后续服务与蚂蚁金服众多金融类产品对接的可能性。

（3）2B 的产品。提供商业情报服务，围绕阿里核心大数据库中的商业交易数据，以及电商交易数据，进行合理数据挖掘，直接可以向 B 端用户收费。

从产业角度来看，这三类产品的完整布局，已经具备了其独立商业模式和运作逻辑的完整性。可是，这并不是阿里巴巴重组第一财经的全部诉求。所有的前端产品，或许都是阿里巴巴围绕商业生态所产生的数据内容的一个前端输出出口，也是一个能够承载数据价值并实现变现的一个载体和平台。更为重要的是，在 IT 到 DT 战略升级过程中，阿里巴巴完成了从前端到后端、从用户交易到用户数据过程实现之后的又一次升级。

透过阿里巴巴媒体投资的逻辑，能够洞悉出一般互联网企业的基本媒体投资逻辑，而深度重组第一财经这样一个媒体平台，将其作为阿里巴巴自身从后端数据到前端平台载体呈现的一次升级，这也预示着新的发展阶段已经到来。

第九章 玩转资本：看大咖如何实现资本倍增

众筹模式成功的经典案例分析

如今，众筹行业已经成为热门，创业者和投资者纷纷把希望寄予众筹。众筹资深玩家们深陷其中，不能自已；而众筹新手们也是跃跃欲试。

对于众筹靠谱不靠谱，已经不再是最为关心的问题，而众筹赚不赚钱则一跃成为人们的在重点话题。在众筹项目中，越是创新的形态，越能体现出众筹的颠覆性力量。在这里，我们就选取三个著名的众筹案例，来供大家学习和参考。

案例一：李善友用众筹模式改变创业教育

2014年初，中欧商学院教授、酷六网创始人李善友，开启了一场用众筹改变商学院和创业教育的实验。他在招生计划中明确要求：10名学员的学费，必须一半自筹、一半众筹；众筹的参与者，将获得与学员面对面交流的机会。很快，泡否科技的马佳佳、雕爷孟醒、《罗辑思维》出品人申音等报名，并通过各种社交媒体，阐述了众筹的理由。

这场众筹游戏，让国内一线的其他商学院感到了压力，因为中欧在社交媒体上的曝光在短时间内急剧放大，中欧的课程也从墙内走向了墙外，并获得了更广泛的认知。

案例二：罗振宇用众筹模式改变了媒体形态

罗振宇以前是央视制片人，为了摆脱传统媒体的层层审批和言论封闭，便离开了电视台，做起了自媒体。现如今，就是靠粉丝为他众筹来养活自己，并且过得非常不错。

2013年，《罗辑思维》发布了两次"史上最无理"的付费会员制，普通会员会费200元，铁杆会员会费1200元。虽然买会员不保证任何权益，但很快便筹集到了近千万元会费。

《罗辑思维》的选题，是由专业的内容运营团队和热心的罗粉共同确定的，用的是"知识众筹"。主讲人罗振宇说自己读书再多，积累也有限，需要找来自不同领域的牛人一起玩。

众筹参与者名曰"知识助理"，为《罗辑思维》每周五的视频节目策划选题，由老罗来主讲。有个叫李源的人民大学学生因为对历史极有研究，老罗在视频中多次提到他，因此也小火了一把。要知道，目前《罗辑思维》微信粉丝150余万，每期视频点击量均过百万。

案例三：乐视用众筹开创企业利用众筹营销先河

2014年3月18日，国内知名视频网站乐视网牵手众筹网，发起了世界杯互联网体育季活动，并上线了首个众筹项目——"我签C罗你做主"。只要在规定期限内，集齐1万人支持（每人投资1元），项目就宣告成功，乐视网就会签约C罗作为世界杯代言人。届时，所有支持者也会成为乐视网免费会员，并有机会参与一系列的后续活动。

乐视网的这一创举，一方面让众筹越来越多地进入了大家的视线，另一方面也给整个众筹行业起到了带动作用。这次众筹项开创了企业利用众筹模式进行营销的先河，表现为：首先，利用了众筹模式潜在的用户调研功能。乐视网敢发布签约C罗的项目，相信早已准备好了要跟C罗签约世界杯。与众筹网联合，等于乐视网在正式签约之前进行了一次用户调研。其次，乐视网通过与众筹网的联合，给签约C罗代言世界杯活动进行了预热。乐视网充分利用了众筹潜在的社交和媒体属性，在世界杯还没到来的时候就做出了充分的预热。最后，乐视网可以借助此次活动拉动世界杯的收视率，并且为正式签约C罗之后的活动积累用户。

总之，社交媒体时代，更多的人会为了自己的喜好而不是利益来埋单。大家可以找一找身边是否有适合的项目，可以来探索更多、更新颖的众筹模式。

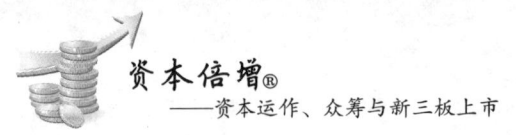

借壳新三板上市的经典案例分析

新三板挂牌要求并不太高，上市时间也是短而快，监管层也一直强调企业挂牌新三板无须借壳。可是，很多公司依然由于自身资质、历史沿革、成立时间、挂牌周期等因素限制选择借壳。当然，股转系统2015年4月已经表示过，针对挂牌公司收购或重大资产重组行为，在审查中将保持与挂牌准入环节的一致性，避免出现监管套利。

总的来说，企业借壳新三板通常要通过以下两种操作方式：①通过收购新三板企业股权的方式取得控制权，再用"资产+增发股权"买入新资产，反向并购借壳，原有资产在此方案中被置出；②买方参与挂牌公司的增发，注入现金，获得公司控股权，然后出售旧资产，购入新资产。

案例一：鼎讯互动的股权收购方式

依据鼎讯互动2014年半年报，截至2014年6月30日，曾飞、徐建、茅萧、胡剑峰、刘淑艳、董强、王嘉力、刘凯持股比例分别为61%、12%、10%、8%、6%、1%、1%、1%，收购人吴晓翔并未持有鼎讯互动任何股权。

2014年10月，吴飞将所持鼎讯互动15%的股权协议转让给李良琼。此后，徐建、胡剑峰于2014年11月分别通过股转系统协议转让鼎讯互动股权；2014年11月21日，李良琼、王丽分别通过协议将鼎讯互动34.9%股权转让给吴晓翔。2015年2月12日，收购人吴晓翔与股份转让方曾飞、茅萧、刘淑艳签订《关于鼎讯互动（北京）股份有限公司之股份转让协议》。

鼎讯互动股东吴晓翔从另外3名股东手中收购（受让）鼎讯互动可以转让股股数155万股，每股股份的转让价格为1元。其中，收购曾飞持有的115万股流通股，收购茅萧持有的25万股流通股，收购刘淑艳持有的15万股流通股。

在本次收购前，吴晓翔持有鼎讯互动349万股，持股比例为34.90%；收购后，吴晓翔持有504万股，持股比例为50.40%，成为公司第一大股东，担任公司董事长，成为公司实际控制人；原实际控制人曾飞持有公司股份345万股，持股比例下降34.50%，将辞任公司董事长职务，进一步淡出公司经营决策和管理。

2015年4月28日，鼎讯互动发行股份用2亿股购买振业集团、李蓬龙和肖娜霞分别持有的广东欧美的60.00%、30.00%、10.00%的股权，即广东欧美合计100%的股权。新增股本占发行后总股本的比例为95.24%，实际控制人仍是吴晓翔。原公司实际控制人曾飞持股比例稀释至不到2%。

2015年2月，吴晓翔收购曾飞所持公司股权时每股1元，总股本为1000万元。可是，收购方并没有完全通过现金支付这笔代价，现金仅仅支付了其中的一部分；在公司收购广东欧美后，曾飞仍持有的少量股份作为代价支付的一部分。

案例二：天翔昌运的增发收购方式

2014年5月30日，天翔昌运在全国中小企业股份转让系统挂牌并公开转让。截至2014年12月31日，万朝文持有天翔昌运3834163股，占挂牌公司总股本的49.16%。

2015年2月19日，天翔昌运公告《权益变动报告书》：万朝文于2015年1月16日通过全国中小企业股份转让系统以协议转让的方式减持所持有的天翔昌运流通股75.5万股，占天翔昌运总股本的9.68%。

本次权益变动前，万朝文没有通过全国中小企业股份转让系统以协议转让方式转让过股份，海文投资也没有持有天翔昌运公司股份。经上述转让后，万朝文持有天翔昌运3079163股，占公司总股本的39.48%；海文投资持有天翔昌运75.5万股，占公司总股本的9.68%。

2015年2月2日，天翔昌运公告《股票发行方案》后，被2月16日的版本所更新。根据2月16日公告的《股票发行方案》，本次股票发行拟向2名原机构投资者、4名新增机构投资者、3名原自然人股东、4名新自然人投资者定向发行1674万股。而本次发行认购人、天翔昌运和主要股东之间存在如下关联关系：

第一，海文投资系公司现有股东，持有公司75.5万股（现持股比例为9.68%）。海文投资的执行事务合伙人陈海平与公司现有股东陈北罗是父子关系，陈北罗还是海文投资的有限合伙人。

第二，湖北联飞翔汽车科技有限公司（以下简称"湖北联飞翔")是陈海平对外投资的一家企业。陈海平持有该公司13.27%股份,在2014年12月30日之前是湖北联飞翔的法定代表人和总经理。

2015年3月3日,天翔昌运发布《收购报告书》。根据该报告书,天翔昌运定向发行1674万股,每股1.30元。其中,海文投资以现金认购本次发行的股份539万股,认购资金总额为700.70万元。本次收购实施前,收购人海文投资持有的天翔昌运的75.5万股股份,持股比例为9.68%;本次收购完成后,收购人海文投资将持有天翔昌运614.5万股股份,持股比例为25.04%。

本次收购导致天翔昌运控制权发生了变化,海文投资将成为天翔昌运的控股股东,陈海平将成为天翔昌运的实际控制人;本次收购完成后,收购人将积极寻求具有市场发展潜力的投资项目并纳入公众公司。

借壳上市的流程

从总体上看,企业借壳上市主要有以下四个流程:

1. 准备阶段

借壳上市前,需要做哪些工作呢?

(1)拟定收购的上市公司(壳公司)标准,初定选壳对象;

(2)聘请财务顾问等中介机构;

(3)双方经洽谈,就壳公司股权收购、资产置换和职工安置方案等达成原则性意向,并签署保密协议;

(4)对壳公司和收购人的尽职调查;

(5)收购方、壳公司完成财务报告审计;

(6)完成对收购方拟置入资产、上市公司拟置出资产的评估;

（7）确定收购和资产置换最终方案；

（8）起草《股份转让协议》和《资产置换协议》；

（9）收购方董事会、股东会审议通过收购和资产置换方案决议；

（10）出让方董事会、股东会审议通过出让股份决议；

（11）出让方向结算公司提出拟转让股份查询和临时保管申请。

2. 协议签订和报批阶段

这一阶段的主要工作包括：

（1）收购方与出让方签订《股份转让协议》、收购方与上市公司签订《资产置换协议》；

（2）收购方签署《收购报告书》，并于两个工作日内，报送证券主管部门并摘要公告；

（3）出让方签署《权益变动报告书》，并于三个工作日内公告；

（4）壳公司刊登关于收购的提示性公告，并通知召开关于本次收购的临时董事会；

（5）收购方签署并报送证监会《豁免要约收购申请报告》；

（6）出让方向各上级国资主管部门报送国有股转让申请文件；

（7）壳公司召开董事会并签署《董事会报告书》，并在指定证券报纸刊登；

（8）壳公司签署《重大资产置换报告书（草案）摘要》，报送证监会，向交易所申请停牌至发审委出具审核意见。

3. 收购和重组实施阶段

这一阶段的主要工作有：

（1）证监会审核通过重大资产重组方案，在指定证券报纸全文刊登《重大资产置换报告书》，对补充披露或修改的内容做出特别提示（审核期约为报送文件后三个月内）；

（2）证监会对《收购报告书》审核无异议，在指定证券报纸刊登全文；

（3）国有股权转让获得国资委批准（审核期约为报送文件后3~6个月）；

（4）证监会同意豁免要约收购（或国资委批文后）；

（5）转让双方向交易所申请股份转让确认；

（6）实施重大资产置换；

（7）办理股权过户；

（8）刊登完成资产置换、股权过户公告。

4. 收购后整理阶段

这一阶段的主要工作内容包括：

（1）召开壳公司董事会、监事会、股东大会、改组董事会、监事会、高管人员会议；

（2）按照《关于拟发行上市企业改制情况调查的通知》，向壳公司所在地证监局报送规范运作情况报告；

（3）聘请有主承销商资格的证券公司进行辅导，通过壳公司所在地证监局检查验收；

（4）申请发行新股或证券。